Abecé
Visual

# El Abecé Visual de

## EL CUERPO HUMANO

## Abecé Visual

© de esta edición: 2013, Santillana USA Publishing
Company, Inc. 2023 NW 84th Ave, Doral FL 33122

Publicado primero por Santillana Ediciones Generales, S. L.
C/Torrelaguna, 60 - 28043 Madrid

Coordinación editorial: Área de Proyectos Especiales.
Santillana Ediciones Generales, S. L.

REDACCIÓN Y EDICIÓN
Julia Pomiés

ILUSTRACIÓN
Paulo Soverón

DISEÑO DE CUBIERTAS
Gabriela Martini y asociados

El abecé visual de El cuerpo humano
ISBN: 978-84-9907-003-2

Printed in USA by Nupress of Miami, Inc.
16 15 14 13    1 2 3 4 5 6 7 8 9

# Índice

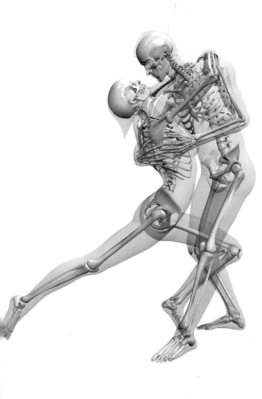

# ¿De **qué** está hecho nuestro **cuerpo**?

Los seres humanos somos un verdadero universo de varios millones de millones de células con las más diversas formas y funciones. Las células se agrupan en tejidos; los tejidos, en órganos; los órganos, en sistemas. Cada uno de los sistemas que componen la totalidad de nuestro organismo tiene un altísimo grado de complejidad y actúa de forma coordinada con todos los demás.

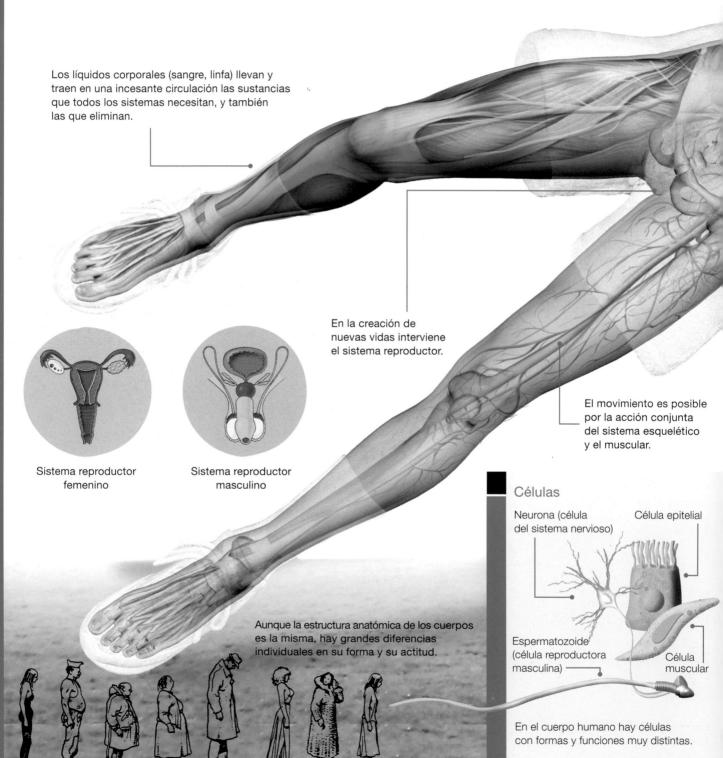

Los líquidos corporales (sangre, linfa) llevan y traen en una incesante circulación las sustancias que todos los sistemas necesitan, y también las que eliminan.

En la creación de nuevas vidas interviene el sistema reproductor.

El movimiento es posible por la acción conjunta del sistema esquelético y el muscular.

Sistema reproductor femenino

Sistema reproductor masculino

Aunque la estructura anatómica de los cuerpos es la misma, hay grandes diferencias individuales en su forma y su actitud.

**Células**

Neurona (célula del sistema nervioso)

Célula epitelial

Espermatozoide (célula reproductora masculina)

Célula muscular

En el cuerpo humano hay células con formas y funciones muy distintas.

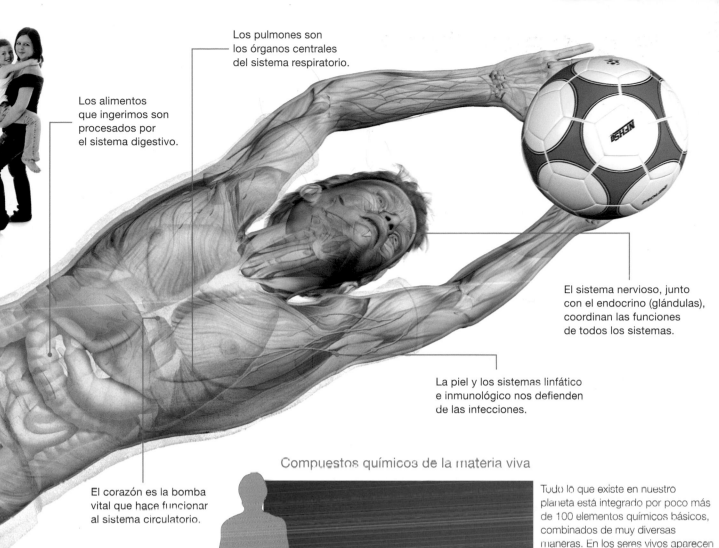

Los pulmones son los órganos centrales del sistema respiratorio.

Los alimentos que ingerimos son procesados por el sistema digestivo.

El sistema nervioso, junto con el endocrino (glándulas), coordinan las funciones de todos los sistemas.

La piel y los sistemas linfático e inmunológico nos defienden de las infecciones.

El corazón es la bomba vital que hace funcionar al sistema circulatorio.

El sistema urinario filtra toxinas y elimina los líquidos excedentes.

En una persona de 70 kg (154 lb) de peso, aproximadamente 45 kg (99 lb) son de agua; 12 kg (26 lb), de proteínas y grasas, y el resto es glucógeno, minerales y otras sustancias.

## Compuestos químicos de la materia viva

Todo lo que existe en nuestro planeta está integrado por poco más de 100 elementos químicos básicos, combinados de muy diversas maneras. En los seres vivos aparecen aproximadamente 20 de esos elementos. Pero los más abundantes son cuatro: carbono, oxígeno, hidrógeno y nitrógeno. Y, entre ellos, el carbono es el más característico de «lo vivo». Los elementos químicos se combinan formando moléculas. Hay moléculas inorgánicas (agua, sales minerales) y moléculas orgánicas (glúcidos, lípidos, proteínas y ácidos nucleicos).

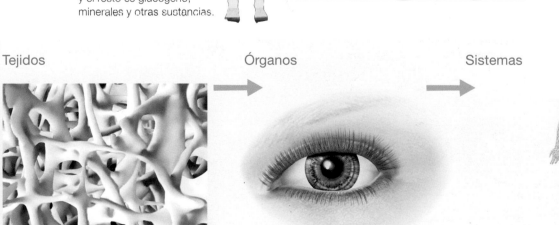

**Tejidos**

Tejido óseo

Las células similares, que realizan la misma actividad, se agrupan formando tejidos.

**Órganos**

Ojo

Diversos tejidos se reúnen en órganos. Cada órgano tiene una función específica.

**Sistemas**

Sistema nervioso

Los órganos cuya función está muy relacionada funcionan coordinadamente y forman los sistemas.

# ¿**Dónde** está nuestro ADN?

Las células son las unidades de materia viva más pequeñas que pueden existir. Son capaces de realizar las tres funciones básicas de la vida: relación, nutrición y reproducción. Todos los seres vivos estamos formados por una o más células. En el núcleo de cada célula se encuentra el ADN (ácido desoxirribonucleico), que contiene toda la información genética de la célula misma y del organismo completo.

Una membrana contiene y delimita a la célula; además, permite el intercambio de sustancias entre el interior y el exterior.

Vesícula para absorber o eliminar sustancias.

Por dentro de la membrana se encuentra el citoplasma, espacio que contiene una especie de gel transparente (hialoplasma) y órganos diminutos llamados, en conjunto, orgánulos celulares.

El núcleo es el encargado de regular el funcionamiento de la célula, y de conservar y transmitir la información genética. Dentro del núcleo se encuentra el nucléolo y las fibras de ADN que constituyen los genes.

El citoesqueleto está compuesto por filamentos y tubos que dan forma a la célula y participan en el transporte interno de sustancias.

Cuando la célula se va a dividir, el ADN se organiza formando 23 pares de cromosomas (46 cromosomas en total).

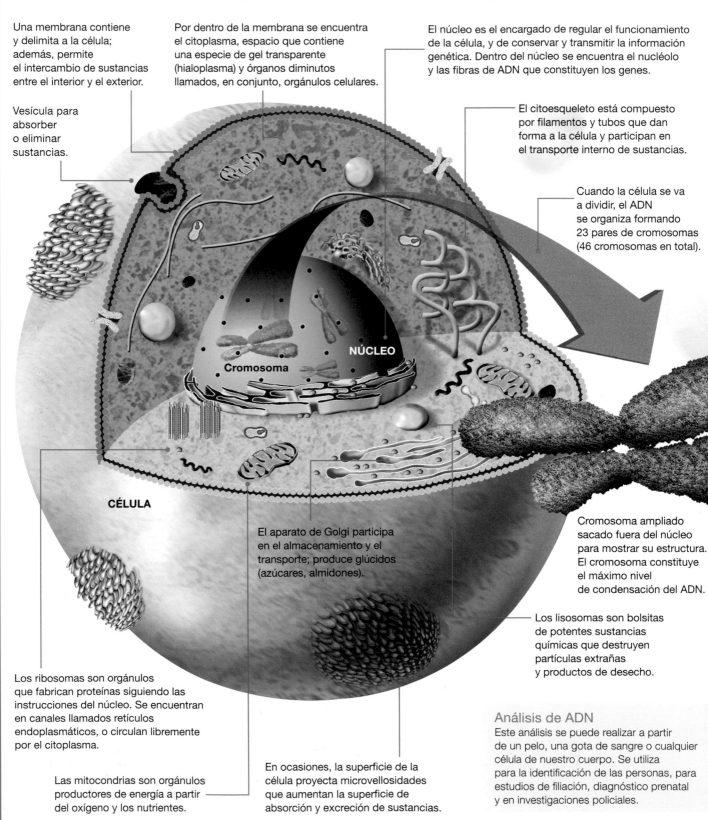

**Cromosoma**

**NÚCLEO**

**CÉLULA**

El aparato de Golgi participa en el almacenamiento y el transporte; produce glúcidos (azúcares, almidones).

Cromosoma ampliado sacado fuera del núcleo para mostrar su estructura. El cromosoma constituye el máximo nivel de condensación del ADN.

Los lisosomas son bolsitas de potentes sustancias químicas que destruyen partículas extrañas y productos de desecho.

Los ribosomas son orgánulos que fabrican proteínas siguiendo las instrucciones del núcleo. Se encuentran en canales llamados retículos endoplasmáticos, o circulan libremente por el citoplasma.

Las mitocondrias son orgánulos productores de energía a partir del oxígeno y los nutrientes.

En ocasiones, la superficie de la célula proyecta microvellosidades que aumentan la superficie de absorción y excreción de sustancias.

## Análisis de ADN

Este análisis se puede realizar a partir de un pelo, una gota de sangre o cualquier célula de nuestro cuerpo. Se utiliza para la identificación de las personas, para estudios de filiación, diagnóstico prenatal y en investigaciones policiales.

## Genoma humano

Desde el año 2003 se conoce la secuencia del genoma humano. Es decir, se sabe en qué lugar exacto de los 46 cromosomas humanos se encuentran los genes que almacenan la información de cada dato que se hereda. Cada persona comparte con el resto de la humanidad el 99,99% del mapa genético. Es solamente el 0,01% restante el que produce las diferencias individuales.

El Proyecto Genoma Humano ha permitido ubicar numerosos genes en el mapa genético de nuestra especie, entre ellos los que provocan algunas enfermedades importantes. Por eso, existen grandes esperanzas de lograr la detección precoz de estas enfermedades y su adecuado tratamiento.

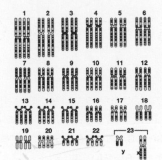

En todas las células del cuerpo humano hay 46 cromosomas organizados en 23 pares, con excepción de las células reproductivas (óvulo femenino; espermatozoide masculino), que solo contienen 23 cromosomas cada una. Cuando el óvulo es fecundado por el espermatozoide se suman los cromosomas: la célula huevo (cigoto), principio de una nueva vida, tiene entonces 46 cromosomas.

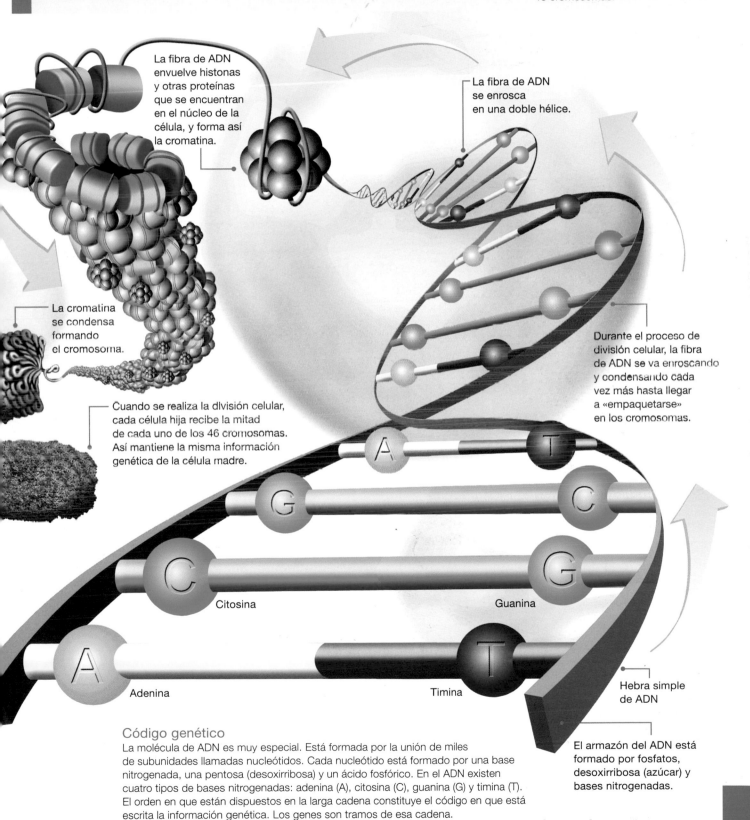

La fibra de ADN envuelve histonas y otras proteínas que se encuentran en el núcleo de la célula, y forma así la cromatina.

La fibra de ADN se enrosca en una doble hélice.

La cromatina se condensa formando el cromosoma.

Durante el proceso de división celular, la fibra de ADN se va enroscando y condensando cada vez más hasta llegar a «empaquetarse» en los cromosomas.

Cuando se realiza la división celular, cada célula hija recibe la mitad de cada uno de los 46 cromosomas. Así mantiene la misma información genética de la célula madre.

Citosina

Guanina

Adenina

Timina

Hebra simple de ADN

### Código genético

La molécula de ADN es muy especial. Está formada por la unión de miles de subunidades llamadas nucleótidos. Cada nucleótido está formado por una base nitrogenada, una pentosa (desoxirribosa) y un ácido fosfórico. En el ADN existen cuatro tipos de bases nitrogenadas: adenina (A), citosina (C), guanina (G) y timina (T). El orden en que están dispuestos en la larga cadena constituye el código en que está escrita la información genética. Los genes son tramos de esa cadena.

El armazón del ADN está formado por fosfatos, desoxirribosa (azúcar) y bases nitrogenadas.

9

# ¿**Cuántas** veces al día late el corazón?

El corazón es un órgano hueco que funciona como una bomba. Cada vez que late bombea la sangre contenida en su interior hacia los pulmones y el resto del cuerpo. Esto sucede, aproximadamente, 70 veces por minuto. Es decir, 4200 veces por hora; 100 800 veces por día. Más de 30 millones de veces al año. La sangre transporta el oxígeno y los nutrientes indispensables para la vida. También recolecta elementos que deben ser eliminados.

El músculo cardíaco constituye parte de la estructura del corazón; se contrae al recibir la estimulación que parte desde el nódulo sinusal.

Nódulo sinusal (aquí se inicia el impulso eléctrico que hace latir al corazón).

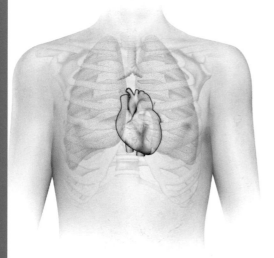

### Ubicación del corazón
El corazón está en el centro del pecho, un poco hacia la izquierda, entre los pulmones, protegido por las costillas, detrás de un hueso llamado esternón. Se apoya sobre un músculo ancho y plano que se denomina diafragma, en el cual también se apoyan los pulmones.

Nódulo aurículo-ventricular (también compuesto por tejido especializado en la generación y conducción de los estímulos cardíacos).

Aurícula derecha (recibe la sangre con poco oxígeno que viene del resto del cuerpo).

### El pulso
Cada vez que el corazón se contrae produce una pulsación en las arterias cuando la sangre pasa por ellas. Este pulso se puede percibir con facilidad en las arterias de la muñeca, tocando suavemente la piel que está por encima de ellas, tal como se ve en la ilustración. Durante el ejercicio físico las pulsaciones se aceleran porque el corazón tiene que bombear más para proveer de sangre rica en oxígeno a los músculos en actividad.

Cuerdas tendinosas de la válvula tricúspide (deja pasar la sangre de la aurícula derecha al ventrículo derecho, pero no al contrario).

Vena cava inferior

Ventrículo derecho (impulsa la sangre con poco oxígeno hacia los pulmones).

Vena cava superior (trae al corazón la sangre que viene del cuerpo).

Aorta (arteria que lleva la sangre rica en oxígeno hacia el cuerpo).

Arteria pulmonar (transporta sangre desde el corazón hacia los pulmones).

## Así funciona la bomba

Recibe la sangre rica en oxígeno desde los pulmones y la envía hacia todo el cuerpo. También recibe la sangre que viene del resto del cuerpo, y la impulsa hacia los pulmones. Mantiene así una circulación continua: la sangre rica en oxígeno va hacia todo el cuerpo por las arterias y regresa por las venas una vez que el cuerpo ha utilizado el oxígeno. Cada día, pasan por el corazón más de 13 000 litros (3,400 gal) de sangre.

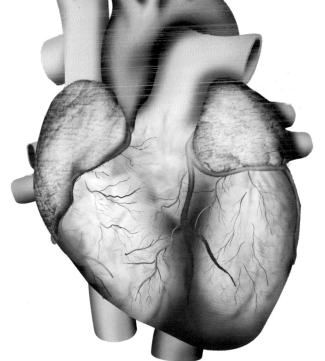

Venas pulmonares (transportan sangre rica en oxígeno desde los pulmones hacia el corazón).

Aurícula izquierda (recibe desde los pulmones la sangre rica en oxígeno).

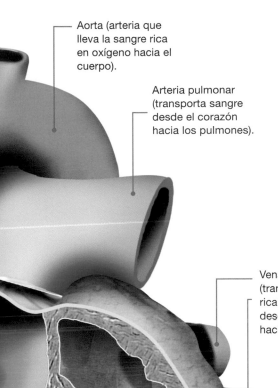

Cuerdas tendinosas de la válvula mitral (deja pasar la sangre de la aurícula izquierda al ventrículo izquierdo, pero no al contrario).

Ventrículo izquierdo (bombea la sangre rica en oxígeno hacia todo el cuerpo).

Aorta

Tabique (pared muscular gruesa que separa los dos lados del corazón).

El impulso eléctrico que se inicia en el nódulo sinusal viaja hasta el nódulo aurículo-ventricular y después continúa por las vías de conducción para llevar el estímulo eléctrico a los dos ventrículos que están en la parte inferior del corazón.

## Un corazón a tu medida

El tamaño real del corazón de un niño de 13 años es muy similar al tamaño de su puño cerrado. El corazón empieza a funcionar ocho meses antes del nacimiento. Al principio late muy rápidamente. En un bebé recién nacido los latidos pueden tener una frecuencia de 140 pulsaciones por minuto. En un niño pequeño, de aproximadamente 100. En un adulto sano, en reposo, el corazón late entre 70 y 80 veces por minuto.

# ¿**Por qué** sangran las heridas?

Más de 150 000 kilómetros (93,000 mi) de vasos sanguíneos recorren nuestro cuerpo. Por esa compleja red circula permanentemente la sangre que bombea el corazón. Cuando se produce una herida, se rompen los vasos más finos y superficiales (capilares) dejando escapar su contenido. Si la herida es profunda, puede romperse alguna vena o arteria; y, en ese caso, es importante detener la pérdida de sangre.

## Vasos sanguíneos

Las *arterias* (color rojo) salen desde el corazón y se van ramificando hasta formar una red de vasos microscópicos: los *capilares,* que llevan la sangre rica en oxígeno, nutrientes y sustancias químicas a todas las células del cuerpo. Allí recogen los productos de desecho (dióxido de carbono, toxinas...) y se van reuniendo en vasos cada vez más gruesos: las *venas* (color azul), que llevan la sangre de vuelta al corazón.

Las venas tienen paredes más delgadas que las arterias y unas válvulas internas para que la sangre fluya siempre hacia el corazón.

Los capilares son los vasos más delgados y más abundantes; en ellos se produce el intercambio de elementos entre la sangre y los tejidos; comunican las arterias con las venas.

## Glóbulos

Los glóbulos rojos y blancos de la sangre se forman en la médula de los huesos más grandes y más largos del esqueleto. Los glóbulos blancos también se forman en el hígado y el bazo.

Son tantos los vasos que recorren el cuerpo que, si se unen todos en una sola cuerda larga, podrían dar varias vueltas alrededor de la Tierra.

Las arterias tienen paredes gruesas, musculosas y elásticas, para soportar la presión de la sangre cuando sale del corazón.

En la limpieza de la sangre y el aumento de su poder nutritivo también participan otros órganos, como el hígado y los riñones.

## Componentes de la sangre

Además de llevar oxígeno y nutrientes, y eliminar productos de desecho, la sangre transporta distintos elementos entre las células de diversos órganos, ayuda a regular la temperatura corporal y participa en la defensa frente a las infecciones. Un bebé recién nacido tiene poco más de un cuarto de litro de sangre; un adulto, entre cuatro y seis litros (según su tamaño corporal). Una mujer embarazada tiene medio litro adicional para proveer al futuro bebé de oxígeno y nutrientes.

Si se centrifuga la sangre en un tubo de ensayo, sedimentan las células (glóbulos rojos, glóbulos blancos y plaquetas) y por encima queda un líquido amarillento: el plasma.

55%

1%

44%

55% plasma (compuesto de 90% de agua + 10% de 100 sustancias distintas: nutrientes, hormonas, diversos productos del metabolismo celular).

45% células (44% de glóbulos rojos + 1% de glóbulos blancos y plaquetas).

Glóbulos rojos
Se cargan de oxígeno en los pulmones y lo liberan en los tejidos que lo necesitan.

Glóbulos blancos
Son capaces de eliminar gérmenes patógenos (virus, bacterias). Los hay de distintos tipos y con distintas funciones. También se llaman *linfocitos*.

Plaquetas
Participan en la coagulación de la sangre.

## Así se reparan las heridas

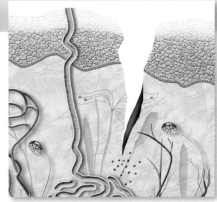

El primer paso es la coagulación: la sangre se seca y endurece formando una costra. Si no hay infección, se inicia la reparación de los tejidos: las células de la piel se multiplican.

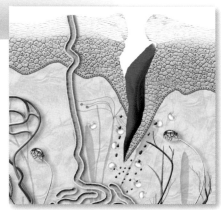

Unos glóbulos blancos llamados macrófagos se «comen» las células muertas, bacterias y cualquier partícula extraña que haya penetrado al producirse el corte.

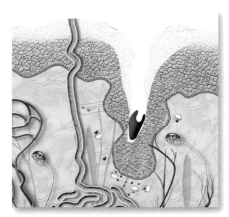

Cuando la herida está reparada, la costra se desprende. Si la herida ha sido muy profunda, quedará una cicatriz que puede borrarse con el tiempo.

# ¿**Cómo** es un esqueleto?

E l esqueleto es la estructura que sostiene el cuerpo, protege
los órganos internos y, junto con los músculos, hace posible
el movimiento. Además, es una importante reserva de minerales
y el principal productor de células sanguíneas. Se compone de más
de 200 huesos (al nacer tenemos 300, pero luego varios se van
soldando entre sí). También los cartílagos integran el esqueleto en
las zonas que requieren mayor flexibilidad (nariz, orejas, discos
intervertebrales).

Las clavículas y los omóplatos
forman la estructura de la parte
superior de la espalda y los hombros,
donde se articulan los brazos.

Los dientes están alojados
en cavidades especiales
del hueso maxilar y la mandíbula.

Tipos de huesos según su forma

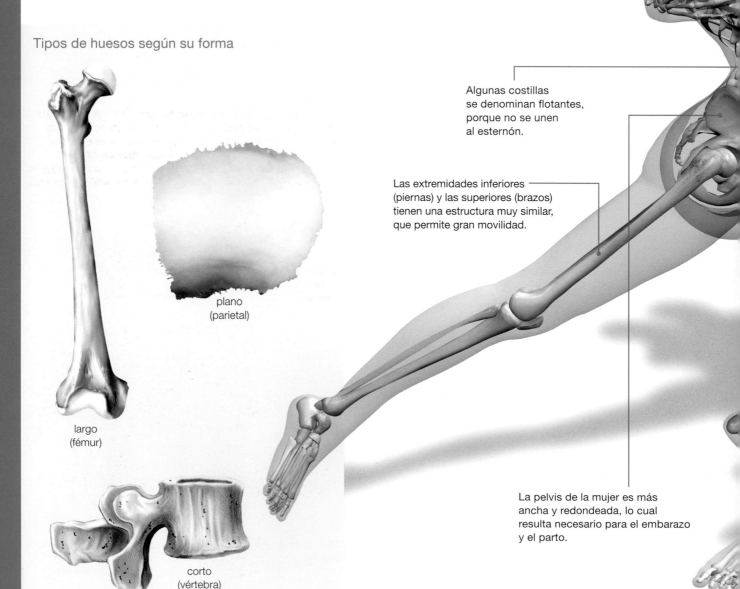

Algunas costillas
se denominan flotantes,
porque no se unen
al esternón.

Las extremidades inferiores
(piernas) y las superiores (brazos)
tienen una estructura muy similar,
que permite gran movilidad.

plano
(parietal)

largo
(fémur)

corto
(vértebra)

La pelvis de la mujer es más
ancha y redondeada, lo cual
resulta necesario para el embarazo
y el parto.

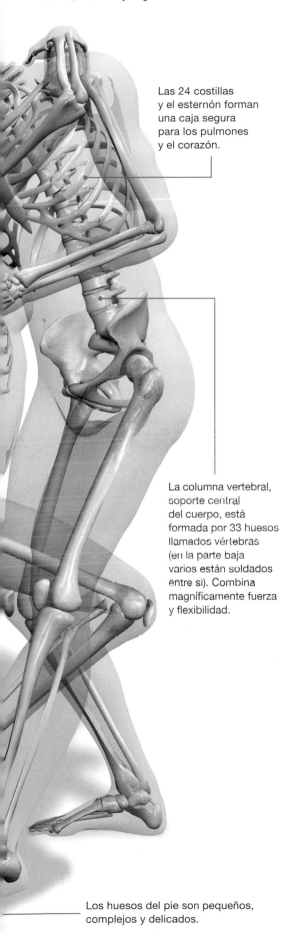

Los huesos del cráneo son más de 20 y protegen al cerebro y a los delicados órganos de los sentidos: de la vista, el oído, el olfato y el gusto.

Las 24 costillas y el esternón forman una caja segura para los pulmones y el corazón.

La columna vertebral, soporte central del cuerpo, está formada por 33 huesos llamados vértebras (en la parte baja varios están soldados entre sí). Combina magníficamente fuerza y flexibilidad.

Los huesos del pie son pequeños, complejos y delicados.

## Movimiento

Los lugares donde los huesos están ligados entre sí se llaman articulaciones. El cuerpo humano tiene más de 140 articulaciones distintas. Algunas son fijas y no permiten movimientos (como las que se producen entre los huesos del cráneo). Otras son muy complejas y permiten distintos grados de movilidad. Funcionan como palancas, bisagras, amortiguadores, y nos permiten caminar, arrodillarnos, saltar, trepar, empujar y otros muchos movimientos cotidianos. Una de las articulaciones con mayor movilidad es la del hombro.

## Articulaciones

Los extremos de los huesos en una articulación están protegidos por cartílagos: una sustancia elástica y suave que también se encuentra dentro de las aletas de la nariz y en las orejas. El cartílago está envuelto por una membrana protectora, resbaladiza, que produce un líquido lubricante. Los ligamentos son fibras flexibles y resistentes que unen a los huesos entre sí. En algunos lugares también hay, dentro de la articulación, unos cartílagos especiales denominados meniscos.

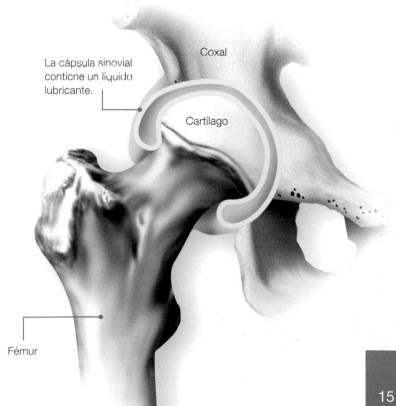

Coxal

La cápsula sinovial contiene un líquido lubricante.

Cartílago

Fémur

# ¿**Cómo** es un hueso por dentro?

Los huesos son órganos vivos: están irrigados por arterias y venas, y tienen terminaciones nerviosas que los hacen sensibles. Cada año renuevan el 10% de sus células y son capaces de repararse por sí mismos cuando se fracturan.

## Así se cura un hueso roto

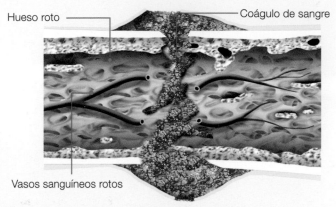

Hueso roto — Coágulo de sangre

Vasos sanguíneos rotos

**1.** Seis a ocho horas después de la fractura se ha formado un coágulo con la sangre derramada desde los vasos sanguíneos que se rompieron junto con el hueso. Las fracturas se inmovilizan para que este proceso natural, que lleva varias semanas, se desarrolle sin interferencias. Solo ciertas fracturas muy complejas pueden requerir otro tipo de intervención médica.

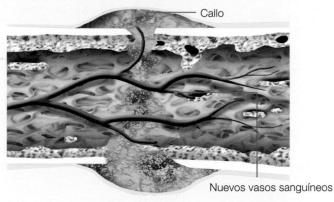

Callo

Nuevos vasos sanguíneos

**2.** Aproximadamente dos días después de la rotura, los capilares empiezan a recuperarse. Células generadoras de hueso comienzan a juntar los extremos rotos. Los tejidos reparados forman una protuberancia llamada callo. Los tejidos dañados se fragmentan y se eliminan.

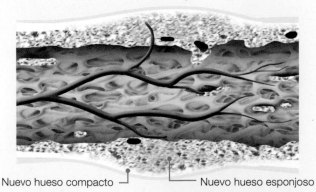

Nuevo hueso compacto — Nuevo hueso esponjoso

**3.** Pocos meses después, el hueso ya curado se remodela hasta recuperar su forma original. Se restablece el tejido óseo compacto y el esponjoso. Pronto, la zona quedará como antes de la lesión.

El periostio es una membrana exterior, fina, surcada por nervios, venas y arterias.

En el centro está la médula: un tejido blando, productor de células sanguíneas (glóbulos rojos y glóbulos blancos).

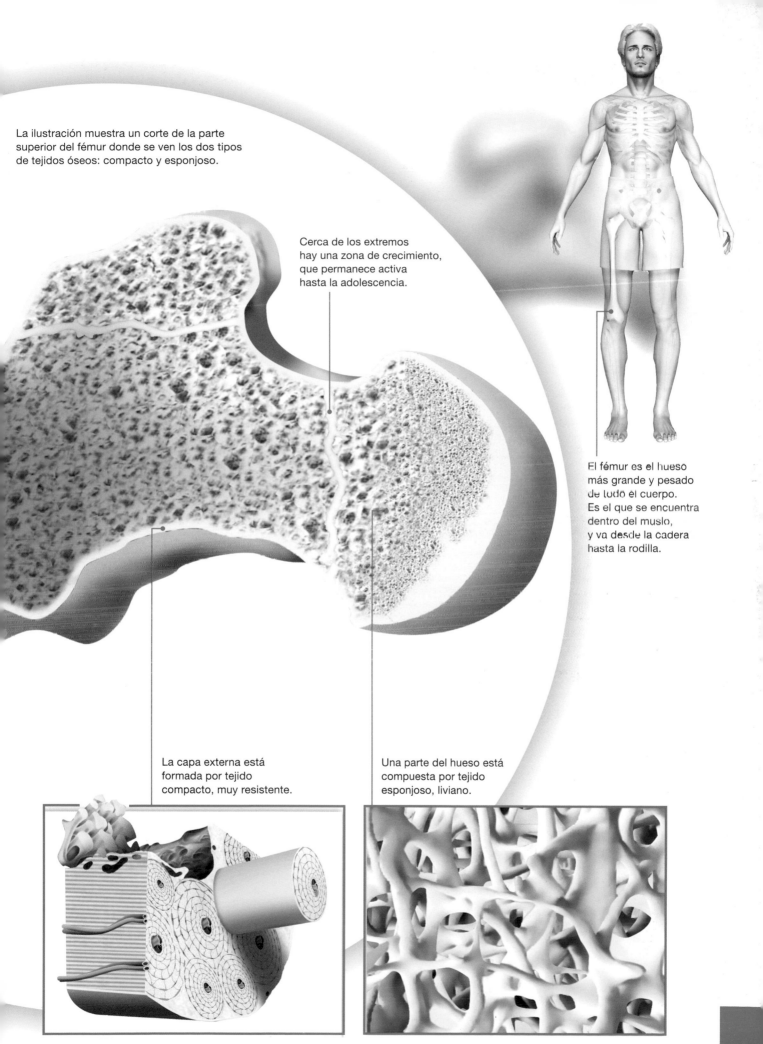

La ilustración muestra un corte de la parte superior del fémur donde se ven los dos tipos de tejidos óseos: compacto y esponjoso.

Cerca de los extremos hay una zona de crecimiento, que permanece activa hasta la adolescencia.

El fémur es el hueso más grande y pesado de todo el cuerpo. Es el que se encuentra dentro del muslo, y va desde la cadera hasta la rodilla.

La capa externa está formada por tejido compacto, muy resistente.

Una parte del hueso está compuesta por tejido esponjoso, liviano.

# ¿**Cuántos** músculos usamos para movernos?

Toda la musculatura esquelética está conectada al cerebro por vías nerviosas que llevan y traen informacion.

**M**ás de 600 músculos de todas las formas y tamaños combinan su actividad para darle movimiento a nuestro cuerpo. Entre todos logran la maravilla de sostenernos de pie y permitirnos saltar, correr o montar en bicicleta. Gracias a ellos tenemos la precisión para poner una llave en la cerradura, la fuerza y dirección para lanzar una pelota hacia la portería, la suavidad para hacer una caricia... Por supuesto, los músculos no trabajan solos: mueven al esqueleto siguiendo las órdenes que les envía el cerebro.

Cuando un músculo se ejercita reiteradamente, aumenta su tamaño y dureza, y los tendones se hacen más fuertes.

## Músculos voluntarios o estriados

Todos los músculos (tanto los voluntarios como los involuntarios) están constituidos por un tejido que tiene la capacidad de contraerse. Los músculos voluntarios se insertan en los huesos; cuando el músculo se contrae, se acorta y tira del hueso moviéndolo hacia un lado. Para mover el hueso hacia el otro lado se requiere la contracción de otro músculo que trabaje de forma complementaria, tirando en otra dirección. Por ejemplo, para elevar el antebrazo el bíceps se contrae y el tríceps se afloja; para bajar el antebrazo el tríceps se contrae y el bíceps se afloja. Las señales nerviosas del cerebro ordenan cuándo y qué músculos deben contraerse para realizar el movimiento deseado.

Se llama musculatura (o sistema muscular esquelético) al conjunto de músculos y tendones que mueven voluntariamente los huesos, mantienen la postura y sostienen los órganos internos. La imagen solo muestra la capa más superficial de la musculatura, pero debajo de ella hay muchos músculos más profundos y muy importantes para el movimiento.

Los músc más pequ ños aume nuestra precisión.

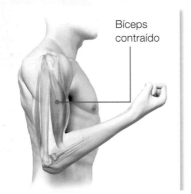

Bíceps contraído

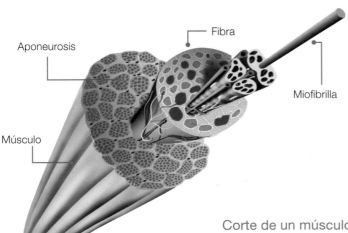

Aponeurosis

Fibra

Miofibrilla

Músculo

Tendón

## Corte de un músculo estriado esquelético

El músculo está formado por la reunión de numerosas fibras musculares envueltas por una membrana llamada aponeurosis. En algunos músculos esa membrana se prolonga en un cordón fibroso (tendón) que los une al hueso. Las fibras musculares, a su vez, están compuestas por la reunión de numerosas miofibrillas.

Aun en reposo, los músculos siempre tienen cierto grado de contracción, llamado tono muscular, que mantiene la forma del cuerpo.

Los músculos componen el 40% del peso corporal.

Los músculos esqueléticos se denominan también estriados, porque esa es la apariencia que tienen cuando se observan en el microscopio.

Venas, arterias y vasos capilares recorren los músculos y los mantienen nutridos y oxigenados.

Si durante un ejercicio intenso llega poco oxígeno a los músculos, se forma en ellos ácido láctico, una sustancia que produce fatiga y dolor.

Los tendones unen los músculos a los huesos. Debajo de la piel, en la parte posterior del tobillo, podemos tocar el tendón de Aquiles, el más largo del cuerpo.

## Músculos lisos

Los músculos lisos se usan continuamente al realizar los movimientos de la digestión, la circulación sanguínea, etc. Forman parte de las paredes de algunos órganos huecos: estómago, intestinos, arterias. En algunos órganos, como la vejiga, que contiene la orina, existe una combinación de músculos voluntarios e involuntarios que funcionan en colaboración.

## Músculo cardíaco

El músculo cardíaco (miocardio) es exclusivo del corazón. Sus fibras son largas y estriadas como las de los músculos esqueléticos, pero no están bajo control voluntario.

## Formas de los músculos voluntarios

Los músculos voluntarios pueden tener formas diversas:

Orbicular (como el que rodea a los ojos).

Fusiforme (como el bíceps del brazo).

Plano (como el trapecio).

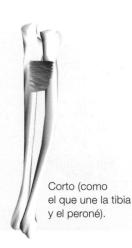

Corto (como el que une la tibia y el peroné).

# ¿**Qué** pasa cuando nos reímos?

La risa pone en movimiento los músculos de la cara, el cuello y el cuero cabelludo. Las carcajadas estimulan la respiración, y sacuden el pecho y el abdomen. También aumentan la irrigación o riego sanguíneo y limpian los ojos con lágrimas. Reírse es una actividad saludable y, muchas veces, contagiosa.

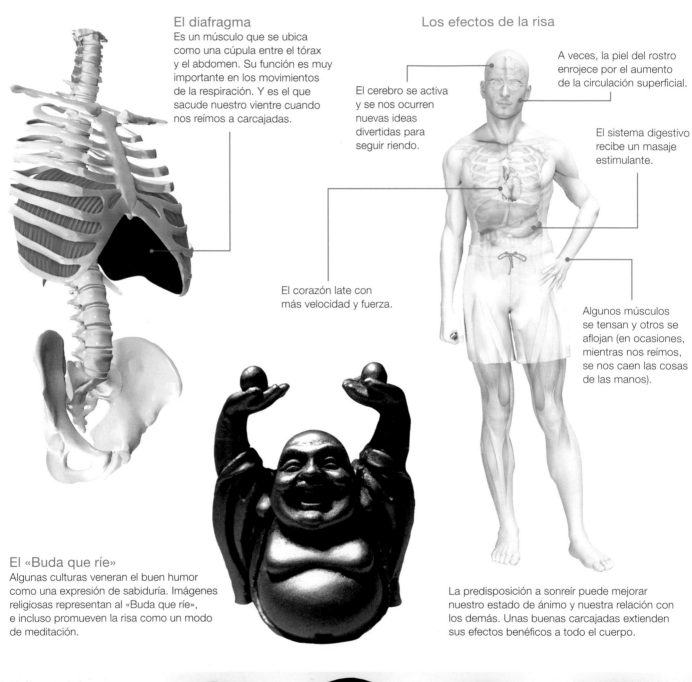

### El diafragma

Es un músculo que se ubica como una cúpula entre el tórax y el abdomen. Su función es muy importante en los movimientos de la respiración. Y es el que sacude nuestro vientre cuando nos reímos a carcajadas.

### Los efectos de la risa

El cerebro se activa y se nos ocurren nuevas ideas divertidas para seguir riendo.

A veces, la piel del rostro enrojece por el aumento de la circulación superficial.

El sistema digestivo recibe un masaje estimulante.

El corazón late con más velocidad y fuerza.

Algunos músculos se tensan y otros se aflojan (en ocasiones, mientras nos reímos, se nos caen las cosas de las manos).

### El «Buda que ríe»

Algunas culturas veneran el buen humor como una expresión de sabiduría. Imágenes religiosas representan al «Buda que ríe», e incluso promueven la risa como un modo de meditación.

La predisposición a sonreír puede mejorar nuestro estado de ánimo y nuestra relación con los demás. Unas buenas carcajadas extienden sus efectos benéficos a todo el cuerpo.

### Los gestos

Cada zona de la cara tiene su propia musculatura: frente, orejas, ojos, boca, nariz... y en varias capas superpuestas. Eso explica la enorme capacidad de expresión que puede mostrar un rostro humano.

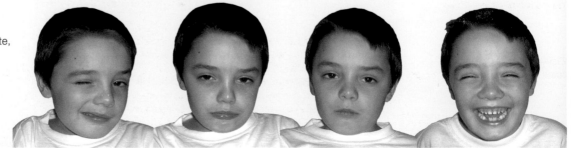

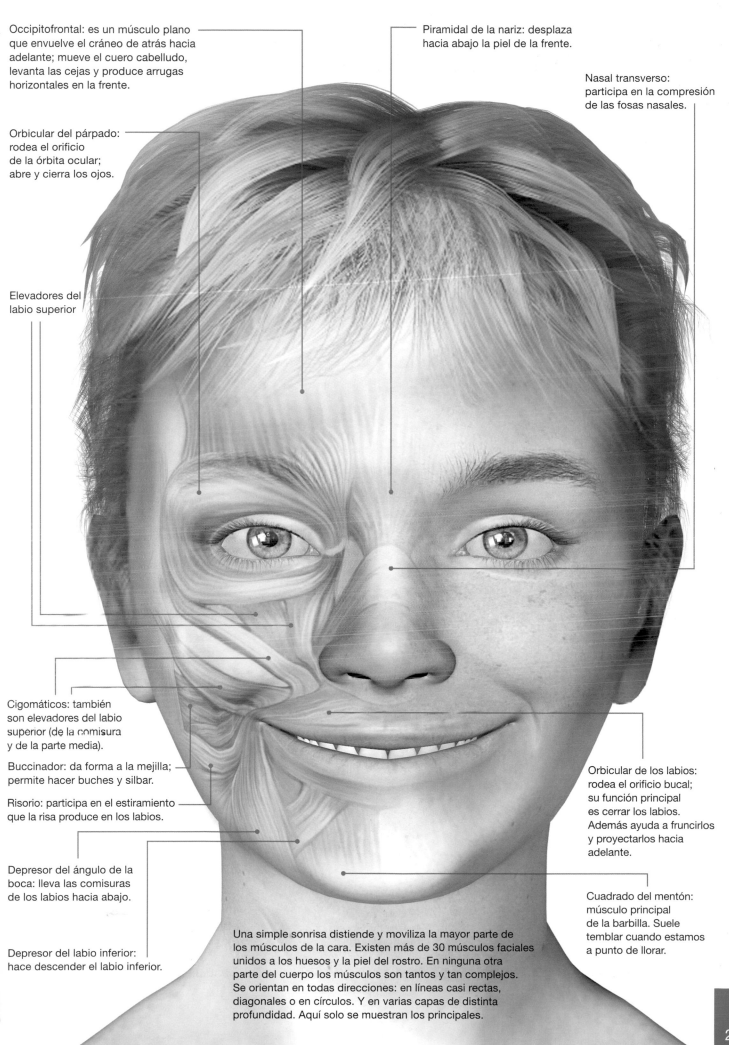

**Occipitofrontal:** es un músculo plano que envuelve el cráneo de atrás hacia adelante; mueve el cuero cabelludo, levanta las cejas y produce arrugas horizontales en la frente.

**Orbicular del párpado:** rodea el orificio de la órbita ocular; abre y cierra los ojos.

**Elevadores del labio superior**

**Cigomáticos:** también son elevadores del labio superior (de la comisura y de la parte media).

**Buccinador:** da forma a la mejilla; permite hacer buches y silbar.

**Risorio:** participa en el estiramiento que la risa produce en los labios.

**Depresor del ángulo de la boca:** lleva las comisuras de los labios hacia abajo.

**Depresor del labio inferior:** hace descender el labio inferior.

**Piramidal de la nariz:** desplaza hacia abajo la piel de la frente.

**Nasal transverso:** participa en la compresión de las fosas nasales.

**Orbicular de los labios:** rodea el orificio bucal; su función principal es cerrar los labios. Además ayuda a fruncirlos y proyectarlos hacia adelante.

**Cuadrado del mentón:** músculo principal de la barbilla. Suele temblar cuando estamos a punto de llorar.

Una simple sonrisa distiende y moviliza la mayor parte de los músculos de la cara. Existen más de 30 músculos faciales unidos a los huesos y la piel del rostro. En ninguna otra parte del cuerpo los músculos son tantos y tan complejos. Se orientan en todas direcciones: en líneas casi rectas, diagonales o en círculos. Y en varias capas de distinta profundidad. Aquí solo se muestran los principales.

# ¿**Cuál** es el órgano más grande?

La piel es el órgano más extenso y pesado de nuestro cuerpo (representa aproximadamente el 7% de nuestro peso total). Además de contener y delimitar todo el organismo, es la primera barrera protectora frente a posibles infecciones; regula la temperatura corporal; segrega y elimina toxinas y desechos; participa en la elaboración de la vitamina D, y es un eficiente órgano sensorial (detecta frío, calor, presión, dolor, texturas...).

La capa superficial se denomina *epidermis* y es delgada como un papel (0,2 mm, [0.007 in] aproximadamente); sus células se desprenden continuamente y son reemplazadas por otras nuevas.

La capa intermedia, *dermis,* está formada por un grueso tejido resistente y elástico que contiene vasos sanguíneos, glándulas, las raíces del pelo y terminaciones nerviosas.

La capa más profunda, *endodermis,* es también la más gruesa: contiene tejido graso, actúa como aislante del frío y amortigua los golpes; también está muy irrigada por vasos sanguíneos.

## El color de la piel

La melanina es un pigmento que se encuentra en algunas células de la epidermis (melanocitos). La cantidad de este pigmento da color a la piel. Además, la producción de melanina se activa por la acción de los rayos solares ultravioletas para fabricar una especie de pantalla natural que protege a los tejidos. Cuando en algunas zonas puntuales se produce más melanina, aparecen las pecas.

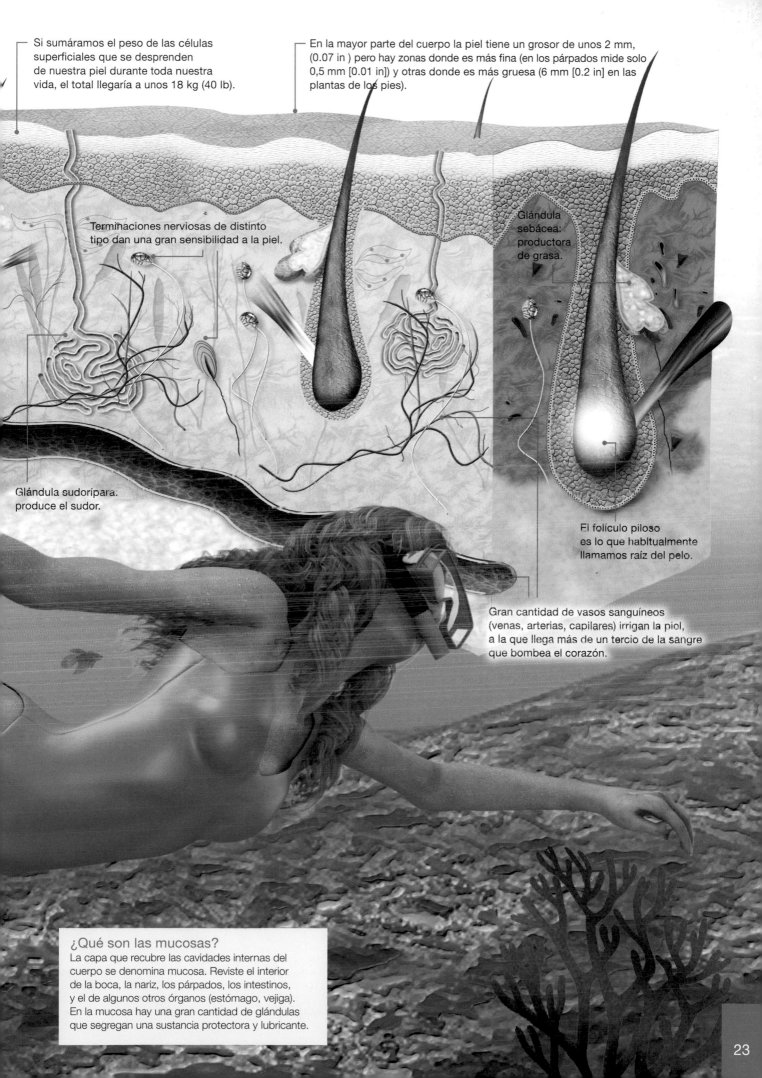

Si sumáramos el peso de las células superficiales que se desprenden de nuestra piel durante toda nuestra vida, el total llegaría a unos 18 kg (40 lb).

En la mayor parte del cuerpo la piel tiene un grosor de unos 2 mm, (0.07 in ) pero hay zonas donde es más fina (en los párpados mide solo 0,5 mm [0.01 in]) y otras donde es más gruesa (6 mm [0.2 in] en las plantas de los pies).

Terminaciones nerviosas de distinto tipo dan una gran sensibilidad a la piel.

Glándula sebácea: productora de grasa.

Glándula sudorípara. produce el sudor.

El folículo piloso es lo que habitualmente llamamos raíz del pelo.

Gran cantidad de vasos sanguíneos (venas, arterias, capilares) irrigan la piel, a la que llega más de un tercio de la sangre que bombea el corazón.

## ¿Qué son las mucosas?

La capa que recubre las cavidades internas del cuerpo se denomina mucosa. Reviste el interior de la boca, la nariz, los párpados, los intestinos, y el de algunos otros órganos (estómago, vejiga). En la mucosa hay una gran cantidad de glándulas que segregan una sustancia protectora y lubricante.

# ¿**Por qué** no nos duele el pelo?

La vida del pelo está en su raíz, que se ubica dentro de la piel y se denomina «folículo piloso». La parte que sale a la superficie está compuesta por células muertas. Por eso no produce dolor cortar el cabello, pero sí duele tirar de él o arrancarlo.

### ¿Lacio o rizado?
Eso depende de la forma del folículo piloso.

El cuero cabelludo puede estar cubierto por 100 000 y hasta 2 millones de cabellos que crecen aproximadamente 0,3 mm (0.12 in) al día. Por otra parte, cada día se caen de 40 a 80 pelos, que son reemplazados por otros nuevos.

El pelo *rizado* nace de un folículo oval.

El pelo *ondulado* nace de un folículo plano.

El pelo *lacio* nace de un folículo redondo.

### Las uñas tampoco duelen
También están compuestas por queratina. Su raíz está debajo de la piel de la punta de los dedos. La zona de crecimiento (base y costados) está protegida por un pliegue de la piel llamado *cutícula.* El crecimiento de las uñas comienza alrededor del tercer mes de vida fetal. En la vida adulta crecen unos 5 mm (0.19 in) por mes. Las uñas de las manos crecen más rápidamente que las de los pies.

Las capas más profundas de la epidermis forman el lecho y la raíz de la uña.

La raíz de la uña contiene células productoras de queratina.

La cutícula protege el área de crecimiento.

Huesos de los dedos

La piel de las yemas tiene mucha irrigación sanguínea.

El borde libre de la uña está compuesto solo por células muertas con queratina.

Los tejidos profundos forman una almohadilla en la yema de los dedos.

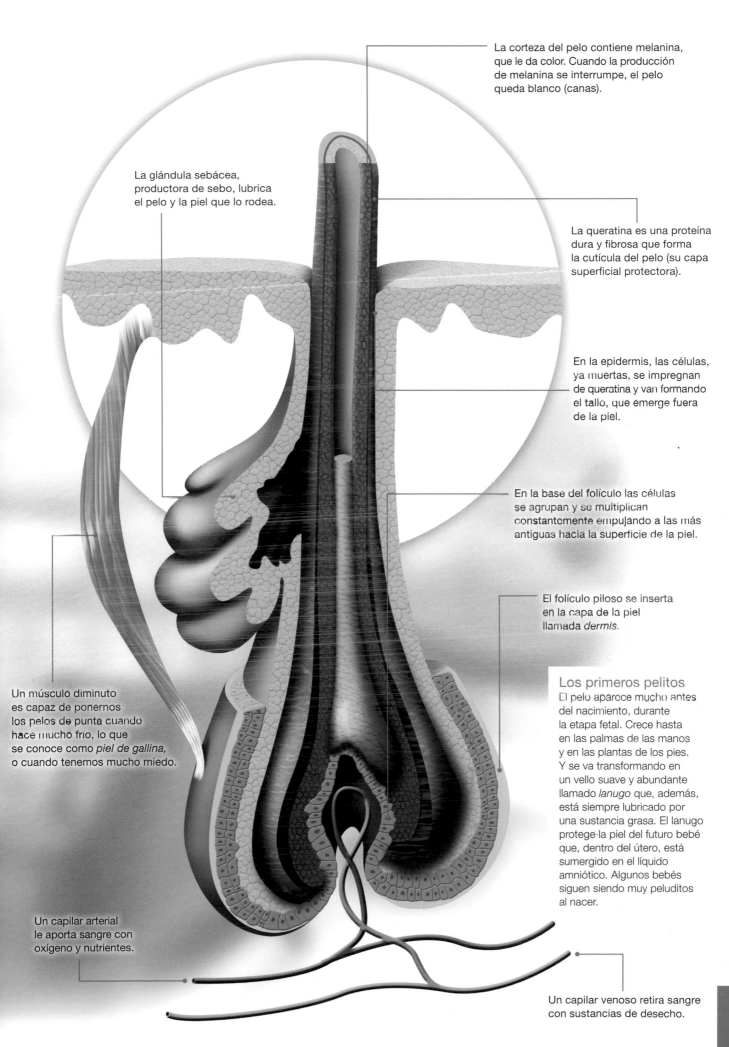

La corteza del pelo contiene melanina, que le da color. Cuando la producción de melanina se interrumpe, el pelo queda blanco (canas).

La glándula sebácea, productora de sebo, lubrica el pelo y la piel que lo rodea.

La queratina es una proteína dura y fibrosa que forma la cutícula del pelo (su capa superficial protectora).

En la epidermis, las células, ya muertas, se impregnan de queratina y van formando el tallo, que emerge fuera de la piel.

En la base del folículo las células se agrupan y se multiplican constantemente empujando a las más antiguas hacia la superficie de la piel.

El folículo piloso se inserta en la capa de la piel llamada *dermis*.

Un músculo diminuto es capaz de ponernos los pelos de punta cuando hace mucho frío, lo que se conoce como *piel de gallina,* o cuando tenemos mucho miedo.

## Los primeros pelitos

El pelo aparece mucho antes del nacimiento, durante la etapa fetal. Crece hasta en las palmas de las manos y en las plantas de los pies. Y se va transformando en un vello suave y abundante llamado *lanugo* que, además, está siempre lubricado por una sustancia grasa. El lanugo protege la piel del futuro bebé que, dentro del útero, está sumergido en el líquido amniótico. Algunos bebés siguen siendo muy peluditos al nacer.

Un capilar arterial le aporta sangre con oxígeno y nutrientes.

Un capilar venoso retira sangre con sustancias de desecho.

# ¿**Por qué** necesitamos comer?

Los alimentos son indispensables para nuestra vida. Representan el combustible que nos da energía y hace posible el crecimiento. Para eso tienen que llegar hasta las células que los necesitan. Recorren un largo camino, en el que se van transformando en partículas cada vez más simples y diminutas. Varios sistemas de nuestro cuerpo participan en esa tarea.

## Una dieta equilibrada

Los alimentos contienen distintos elementos nutritivos (nutrientes). Una dieta completa y equilibrada es la que aporta las cantidades necesarias de cada uno.

Los *glúcidos* aportan la mayor parte de la energía. Los más abundantes son las féculas (se encuentran en las legumbres, las patatas, el arroz, el pan) y los azúcares (en la miel, frutas, azúcar común...).

Los *lípidos* aportan energía y forman parte de las células. Se encuentran en las grasas animales (manteca, tocino...), las carnes grasas, la nata, el queso, los huevos. Y también en alimentos de origen vegetal, como las nueces, y los aceites vegetales (oliva, girasol, maíz...).

Huevos

Aceite

Frutas

Verduras

Pan

Lípidos
30-35%

Glúcidos
50-55%

Proteínas
10-15%

Los *minerales* y las *vitaminas* son imprescindibles para las complejas reacciones químicas que se producen en nuestro cuerpo. Se necesitan pequeñas cantidades de 15 vitaminas diferentes y unos 20 minerales.

La *fibra* es una sustancia abundante en las verduras, frutas, cereales integrales. Su función es facilitar el tránsito de los alimentos por el intestino.

El *agua* es indispensable para mantener la cantidad de líquido que contiene nuestro cuerpo. Todo el tiempo estamos eliminando líquido en forma de orina, transpiración, vapor que exhalamos al respirar..., y es necesario reponerlo. Incorporamos agua tanto en las bebidas como en los alimentos sólidos (las lechugas, por ejemplo, tienen un 90% de agua).

Las *proteínas* son indispensables para el crecimiento y el mantenimiento de los tejidos que forman nuestro cuerpo. Las mejores fuentes de proteínas son las carnes magras, los pescados, huevos y lácteos. Y también las legumbres y los cereales.

Lácteos

Legumbres

Cuando tragamos, los alimentos inician el descenso por un tubo llamado esófago.

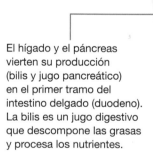

El hígado y el páncreas vierten su producción (bilis y jugo pancreático) en el primer tramo del intestino delgado (duodeno). La bilis es un jugo digestivo que descompone las grasas y procesa los nutrientes.

Las paredes de todo el tubo digestivo tienen fibras musculares que producen movimientos ondulatorios (peristálticos) que hacen avanzar su contenido.

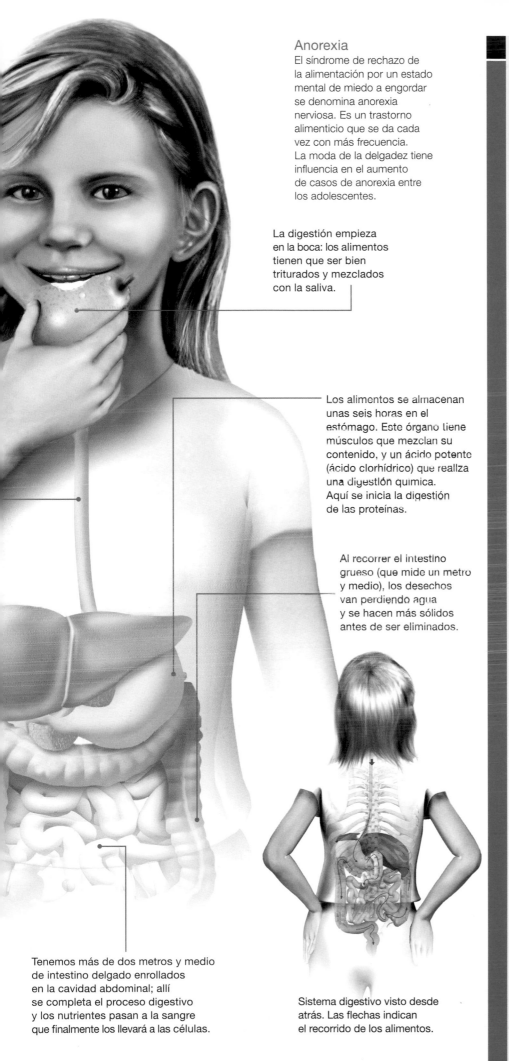

## Anorexia

El síndrome de rechazo de la alimentación por un estado mental de miedo a engordar se denomina anorexia nerviosa. Es un trastorno alimenticio que se da cada vez con más frecuencia. La moda de la delgadez tiene influencia en el aumento de casos de anorexia entre los adolescentes.

La digestión empieza en la boca: los alimentos tienen que ser bien triturados y mezclados con la saliva.

Los alimentos se almacenan unas seis horas en el estómago. Este órgano tiene músculos que mezclan su contenido, y un ácido potente (ácido clorhídrico) que realiza una digestión química. Aquí se inicia la digestión de las proteínas.

Al recorrer el intestino grueso (que mide un metro y medio), los desechos van perdiendo agua y se hacen más sólidos antes de ser eliminados.

Tenemos más de dos metros y medio de intestino delgado enrollados en la cavidad abdominal; allí se completa el proceso digestivo y los nutrientes pasan a la sangre que finalmente los llevará a las células.

Sistema digestivo visto desde atrás. Las flechas indican el recorrido de los alimentos.

## Otros sistemas que participan en la nutrición

### El sistema respiratorio
Los pulmones captan del exterior el oxígeno que las células necesitan para procesar los nutrientes.

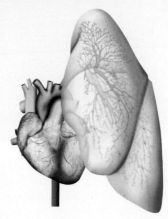

### El sistema circulatorio
La sangre transporta los alimentos absorbidos en los intestinos hasta las células que los necesitan. Las sustancias nutritivas llegan a las células, junto con el oxígeno, por los capilares arteriales. Los capilares venosos retiran los gases y productos de desecho.

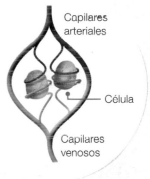

Capilares arteriales

Célula

Capilares venosos

### El sistema urinario
Los riñones filtran los desechos del proceso de nutrición que se encuentran en la sangre y los eliminan, junto con el excedente de agua, en forma de orina.

# ¿**Cómo** es un molar por dentro?

Los molares son las piezas dentales más anchas y gruesas, ubicadas en el fondo de la boca: las *muelas*, especializadas en *molar* los alimentos. Como todos los dientes, tienen una parte visible que sobresale de la encía (la corona) y otra parte oculta bajo la encía y profundamente incrustada en el hueso de la mandíbula (la raíz). Tanto la corona como la raíz tienen una superficie dura, resistente, insensible, pero por dentro contienen una pulpa blanda y con una altísima sensibilidad, surcada por vasos sanguíneos y terminaciones nerviosas.

Los nombres de los dientes están relacionados con su función

Los cuatro incisivos (1) hacen incisiones, es decir, se especializan en cortar (hay dos centrales y dos laterales). Los dos caninos (2) se parecen a los de los canes: sirven sobre todo para desgarrar (también se los llama colmillos). Los cuatro premolares (3) y los seis molares (4) son los que muelen y trituran los alimentos. Entre los 18 y los 30 años de edad, cuando la boca parece completamente desarrollada y ya todos los dientes están maduros y en su lugar, pueden aparecer cuatro muelas nuevas: dos en la mandíbula superior (una a cada lado, al fondo) y dos en la mandíbula inferior (también a ambos lados y atrás). Se las llama «del juicio» porque se supone que a esa edad las personas ya son «juiciosas». Sin embargo, en casi un 20% de la población esas muelas no aparecen. Esta ilustración muestra una boca tan abierta que nos permite ver toda la dentadura superior e inferior. Representa la boca de un adulto con sus 32 dientes sanos: 16 en el arco dentario superior y 16 en el inferior. Los 16 dientes superiores tienen los mismos nombres y funciones que los inferiores.

La dentina (o marfil) es una sustancia resistente y porosa.

La raíz se inserta profundamente en el hueso de la mandíbula.

Cada pieza dental está comunicada a través de terminaciones nerviosas, arterias y venas.

Nervio

Arteria

Vena

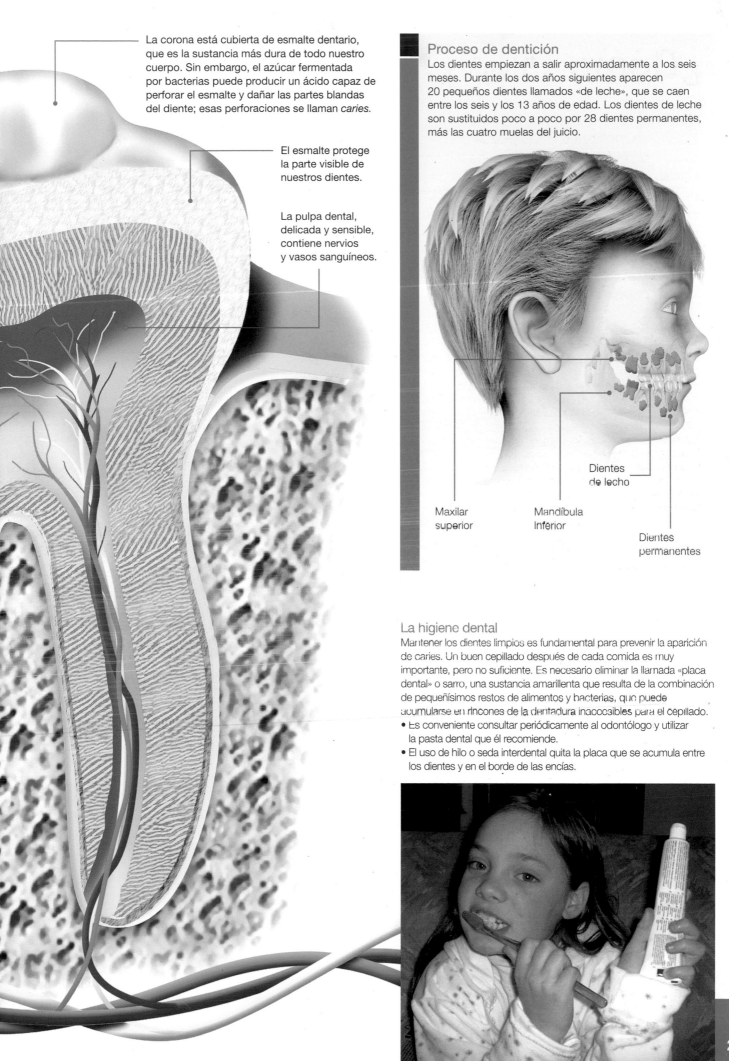

La corona está cubierta de esmalte dentario, que es la sustancia más dura de todo nuestro cuerpo. Sin embargo, el azúcar fermentada por bacterias puede producir un ácido capaz de perforar el esmalte y dañar las partes blandas del diente; esas perforaciones se llaman *caries*.

El esmalte protege la parte visible de nuestros dientes.

La pulpa dental, delicada y sensible, contiene nervios y vasos sanguíneos.

## Proceso de dentición

Los dientes empiezan a salir aproximadamente a los seis meses. Durante los dos años siguientes aparecen 20 pequeños dientes llamados «de leche», que se caen entre los seis y los 13 años de edad. Los dientes de leche son sustituidos poco a poco por 28 dientes permanentes, más las cuatro muelas del juicio.

Dientes de leche

Maxilar superior

Mandíbula Inferior

Dientes permanentes

## La higiene dental

Mantener los dientes limpios es fundamental para prevenir la aparición de caries. Un buen cepillado después de cada comida es muy importante, pero no suficiente. Es necesario eliminar la llamada «placa dental» o sarro, una sustancia amarillenta que resulta de la combinación de pequeñísimos restos de alimentos y bacterias, que puede acumularse en rincones de la dentadura inaccesibles para el cepillado.

- Es conveniente consultar periódicamente al odontólogo y utilizar la pasta dental que él recomiende.
- El uso de hilo o seda interdental quita la placa que se acumula entre los dientes y en el borde de las encías.

# ¿**Qué** es el hipo?

El hipo es una sorpresiva y violenta entrada de aire al sistema respiratorio. Se produce por una fuerte contracción de un músculo llamado diafragma. Su extraño sonido es causado por las cuerdas vocales, que se cierran repentinamente. No se conocen completamente las causas, pero se sabe que incluso antes de nacer, cuando todavía están dentro del vientre de la madre, los bebés tienen hipo de vez en cuando.

Las fosas nasales y la cavidad bucal se continúan en la faringe.

Normalmente la epiglotis se cierra al tragar para que la saliva, las bebidas y los alimentos no entren en la tráquea.

## La voz

La voz se produce en la laringe. Dentro de ella, en la glotis, hay unos pliegues que vibran cuando el aire sale desde los pulmones hacia afuera. Son las cuerdas vocales. Cuando respiramos en silencio las cuerdas permanecen separadas, distantes. Cuando queremos hablar o cantar las cuerdas se aproximan y se tensan; cuanto más se aproximan, se producen sonidos más agudos. Las variaciones del sonido también están relacionadas con el modo en que este resuena en las fosas nasales, la garganta, la boca y el pecho. El sonido del hipo se debe a un cierre brusco de la glotis que sacude las cuerdas vocales.

Debajo de la epiglotis está la glotis, donde se encuentran las cuerdas vocales; el aire suena al pasar por ellas y las hace vibrar. Durante el hipo se cierran violentamente produciendo un sonido característico.

La tráquea es el conducto por el cual entra y sale el aire; durante el hipo ese pasaje se interrumpe bruscamente durante un instante.

Normalmente el movimiento del diafragma hace que los pulmones se amplíen y contraigan a intervalos regulares. Cuando el diafragma se contrae desciende, se aplana; los pulmones se amplían y se produce la entrada de aire. Durante el hipo la contracción del diafragma es brusca, como una sacudida.

a) Cuando las cuerdas vocales están más juntas y tensas, se producen sonidos agudos.

b) Cuando las cuerdas vocales están separadas, se producen sonidos graves.

Los pulmones están protegidos por una membrana llamada pleura, que también los sujeta el diafragma.

El diafragma se contrae por la estimulación de un nervio llamado *vago,* que también participa en la digestión. Tal vez por esa razón el hipo suele relacionarse con la ingestión de ciertas comidas o bebidas.

## Un fenómeno frecuente

El hipo se define como un reflejo, caracterizado por una súbita contracción de los músculos que participan en la inspiración. No está claro para la ciencia por qué se produce. Se lo relaciona con una descoordinación de impulsos nerviosos que viajan, desde el centro respiratorio del sistema nervioso central, al diafragma (por el nervio frénico) y a la glotis (por el nervio vago). Normalmente dura muy poco y no deja secuelas. Se calma espontáneamente o en respuesta a algunos remedios caseros. Cuando se prolonga y requiere tratamiento médico se lo denomina *singulto*.

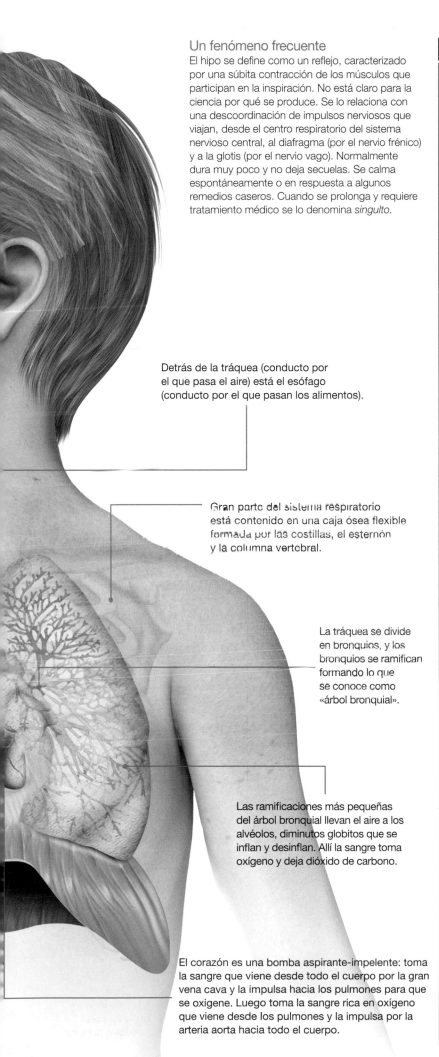

Detrás de la tráquea (conducto por el que pasa el aire) está el esófago (conducto por el que pasan los alimentos).

Gran parte del sistema respiratorio está contenido en una caja ósea flexible formada por las costillas, el esternón y la columna vertebral.

La tráquea se divide en bronquios, y los bronquios se ramifican formando lo que se conoce como «árbol bronquial».

Las ramificaciones más pequeñas del árbol bronquial llevan el aire a los alvéolos, diminutos globitos que se inflan y desinflan. Allí la sangre toma oxígeno y deja dióxido de carbono.

El corazón es una bomba aspirante-impelente: toma la sangre que viene desde todo el cuerpo por la gran vena cava y la impulsa hacia los pulmones para que se oxigene. Luego toma la sangre rica en oxígeno que viene desde los pulmones y la impulsa por la arteria aorta hacia todo el cuerpo.

## La respiración

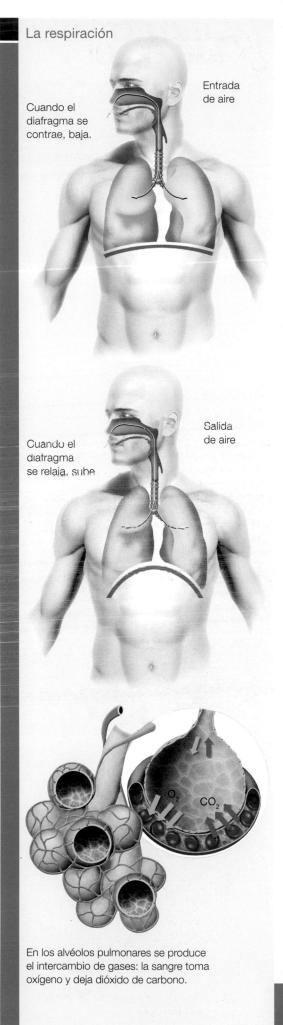

Cuando el diafragma se contrae, baja.

Entrada de aire

Cuando el diafragma se relaja, sube

Salida de aire

$O_2$ $CO_2$

En los alvéolos pulmonares se produce el intercambio de gases: la sangre toma oxígeno y deja dióxido de carbono.

# ¿**Cuánto** líquido pueden filtrar nuestros riñones?

Entre 150 y 180 litros (39 y 47 gal) de líquido pasan diariamente por la estación de filtrado que constituyen nuestros riñones. La mayor parte del líquido sigue circulando por nuestro cuerpo. El excedente, un litro y medio o dos, se elimina en forma de orina, junto con las sustancias nocivas o innecesarias para el organismo.

Beber agua de buena calidad es el mejor modo de recuperar el líquido perdido.

## Un millón de nefronas

La acción de los riñones es fundamental para mantener en equilibrio tanto la cantidad de líquido dentro del organismo como la concentración de sal y el grado de acidez. Para realizar esta tarea los riñones cuentan con más de un millón de unidades microscópicas de filtración llamadas nefronas.

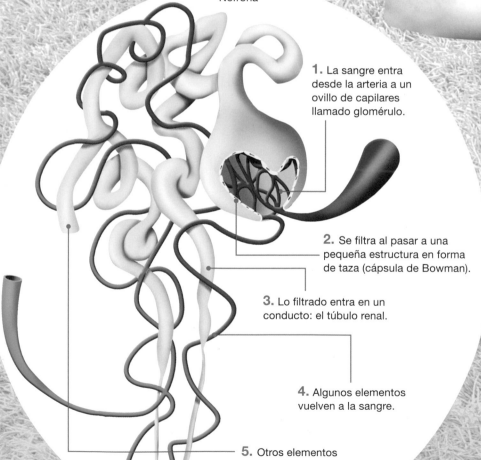

Nefrona

**1.** La sangre entra desde la arteria a un ovillo de capilares llamado glomérulo.

**2.** Se filtra al pasar a una pequeña estructura en forma de taza (cápsula de Bowman).

**3.** Lo filtrado entra en un conducto: el túbulo renal.

**4.** Algunos elementos vuelven a la sangre.

**5.** Otros elementos se desechan y pasan a formar parte de la orina.

Los riñones están profundamente ubicados dentro de la cavidad abdominal, cerca de la espalda, debajo del hígado y detrás de otros órganos del sistema digestivo.

Son estaciones de filtrado del sistema circulatorio: filtran la sangre y eliminan el líquido excedente que, junto con otras sustancias de desecho (sales y toxinas), constituye la orina.

Por un conducto llamado uréter la orina desciende hacia la vejiga.

La vejiga es una bolsa musculosa, elástica, capaz de contener hasta medio litro de orina.

Cuando la vejiga está muy llena se producen las ganas de orinar. El tubito de salida de la orina se llama uretra.

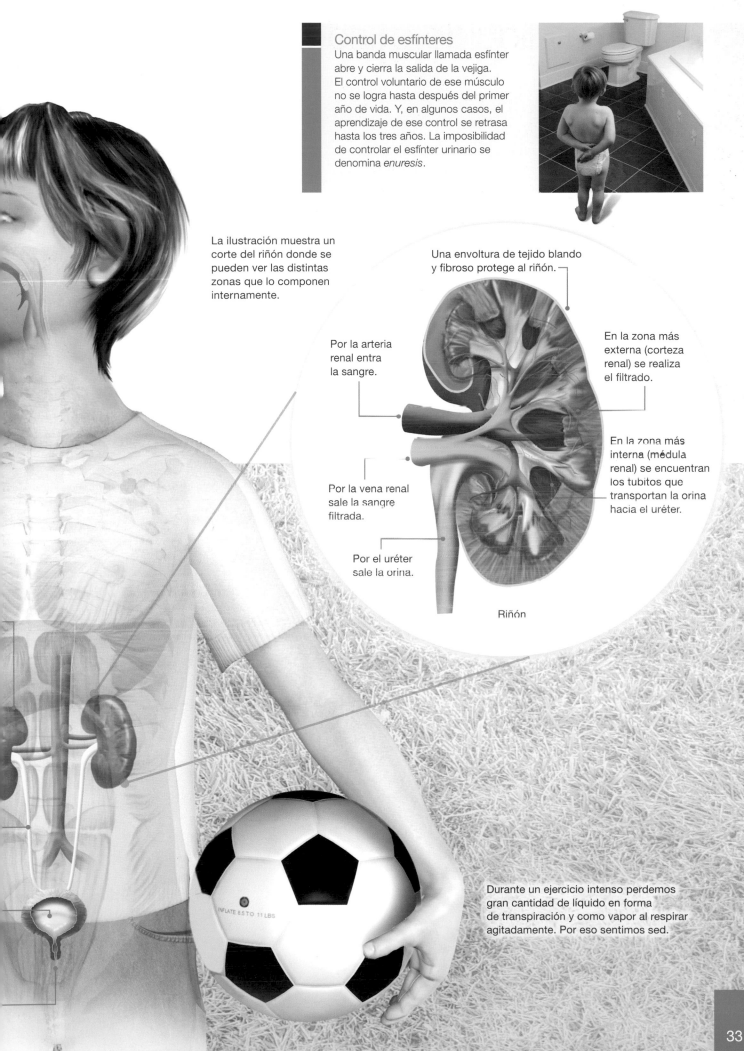

## Control de esfínteres

Una banda muscular llamada esfínter abre y cierra la salida de la vejiga. El control voluntario de ese músculo no se logra hasta después del primer año de vida. Y, en algunos casos, el aprendizaje de ese control se retrasa hasta los tres años. La imposibilidad de controlar el esfínter urinario se denomina *enuresis*.

La ilustración muestra un corte del riñón donde se pueden ver las distintas zonas que lo componen internamente.

Una envoltura de tejido blando y fibroso protege al riñón.

Por la arteria renal entra la sangre.

En la zona más externa (corteza renal) se realiza el filtrado.

En la zona más interna (médula renal) se encuentran los tubitos que transportan la orina hacia el uréter.

Por la vena renal sale la sangre filtrada.

Por el uréter sale la orina.

Riñón

Durante un ejercicio intenso perdemos gran cantidad de líquido en forma de transpiración y como vapor al respirar agitadamente. Por eso sentimos sed.

33

# ¿**Cómo** recibe información nuestro cuerpo?

En toda la superficie de nuestro cuerpo hay receptores de información. Algunos, muy numerosos y sencillos, están en la piel, y son simples terminaciones de los nervios. Otros, de altísima complejidad, forman órganos especializados, como los ojos. También existen receptores más profundos que nos dan información del interior de nuestro organismo.

## El impulso nervioso

La información viaja por el sistema nervioso convertida en impulsos eléctricos: es lo que se llama *impulso nervioso*. Las células que son capaces de generar y transmitir electricidad se denominan *neuronas*. Llevan información de un punto del cuerpo a otro. Cualquier sensación que experimentamos (escuchar música, ver una película, sentir dolor de estómago...) y cualquier movimiento que hacemos es el efecto de millones y millones de neuronas que se comunican.

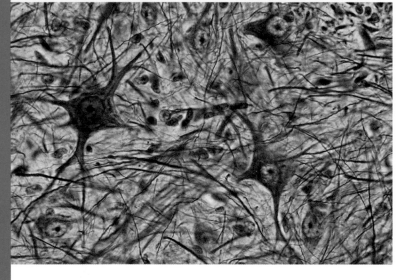

## El camino de la información

La información es captada por unas células nerviosas especiales denominadas *receptores*. Los estímulos que reciben se convierten en pequeños impulsos eléctricos que se transmiten por los nervios hasta el cerebro. El cerebro interpreta esos impulsos y así nos damos cuenta de lo que sucede.

Los ojos contienen células receptoras de la luz; la información que ellas recogen viaja hasta el cerebro donde se interpretan las imágenes.

Los olores penetran en la nariz y estimulan unas células receptoras que están en el fondo de las fosas nasales.

El sabor es una combinación de datos del olfato y el gusto. Se percibe cuando algunas sustancias se disuelven en la saliva, dentro de la boca.

En toda la piel hay diferentes receptores capaces de captar información acerca del frío y el calor, la presión, el dolor...

| | |
|---|---|
| **RECEPTORES** | Detectan estímulos en el medio. |
| **VÍAS SENSITIVAS** | Conducen informes sensoriales. |
| **SISTEMA NERVIOSO CENTRAL** | Procesa información y elabora órdenes. |
| **VÍAS MOTORAS** | Conducen órdenes. |
| **EFECTORES** | Ejecutan una actividad motora o secretora. |

El cerebro recibe permanentemente una enorme cantidad de información: la selecciona, la evalúa y luego elabora las respuestas.

Las orejas funcionan como pantallas que captan los sonidos del ambiente y los ayudan a introducirse en el oído.

La médula conduce la información entre el cerebro y los nervios; es como un grueso cable que puede alcanzar hasta 2 cm (0.78 in) de ancho y 40 cm (15 in) de largo.

Los nervios que llevan los datos hacia el cerebro y la médula se llaman *sensitivos;* los que llevan las respuestas se llaman *motores.*

También existen sensores más profundos que nos dan información del interior del cuerpo: si sentimos dolor, cuál es nuestra postura, si estamos en equilibrio, si se producen movimientos de los órganos...

Toda la información captada viaja a gran velocidad (100 m por segundo [3.72 mps]) por una compleja red de nervios.

## Las neuronas

Están compuestas por un cuerpo celular y prolongaciones que reciben el nombre de *dendritas* o *axones*. Las dendritas llevan el impulso que entra al cuerpo celular. Los axones llevan el impulso que sale del cuerpo celular. Cientos o miles de esas prolongaciones reunidas entre sí forman los nervios.

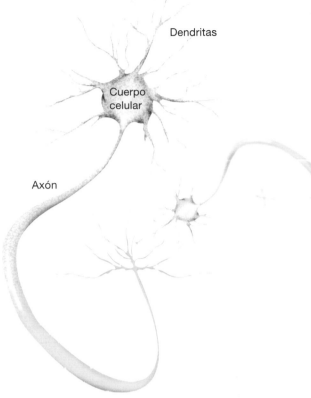

Dendritas

Cuerpo celular

Axón

Las neuronas están continuamente recibiendo y transmitiendo mensajes. El espacio entre una neurona y otra se llama *sinapsis*. Allí, el impulso eléctrico libera sustancias químicas (neurotransmisores) que estimulan a la siguiente neurona.

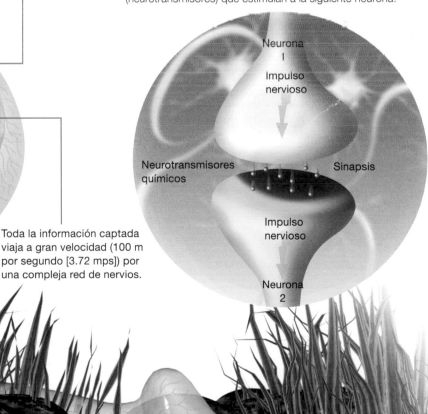

Neurona 1

Impulso nervioso

Neurotransmisores químicos

Sinapsis

Impulso nervioso

Neurona 2

# ¿**Cómo** se coordinan las funciones del cuerpo?

El bulbo raquídeo controla funciones vitales inconscientes, como el latido cardíaco, la dilatación y contracción de los vasos sanguíneos y la respiración.

Crecer, dormir, despertar, digerir los alimentos, respirar, leer, la circulación de la sangre, escuchar música, caminar, bailar... Son infinitas las funciones de nuestro cuerpo. Algunas se realizan de forma voluntaria, consciente. Otras son inconscientes, involuntarias. Todas deben poder concretarse con eficiencia y muchas se realizan a la vez, simultáneamente. Para eso se necesita una ajustada coordinación, que está a cargo de los sistemas nervioso y endocrino.

## El sistema nervioso

Nuestro sistema nervioso es muy complejo. Para comprenderlo mejor se lo considera integrado por varios subsistemas.

El sistema nervioso central incluye el encéfalo (cerebro, cerebelo y bulbo raquídeo) y la médula espinal. Está protegido por los huesos del cráneo y la columna vertebral. Se encarga de procesar la información y ordenar las respuestas. Es el centro de control de todo el organismo.

La médula controla algunas respuestas involuntarias, reflejas (como retirar inmediatamente la mano si rozamos una superficie que quema).

Los sistemas nervioso y endocrino tienen que actuar a la par para controlar las funciones del organismo. Esa integración está dirigida por el sistema nervioso, que, en definitiva, también puede provocar o detener la acción del sistema endocrino.

Una parte del sistema periférico controla los músculos voluntarios, vinculados al esqueleto.

El sistema nervioso periférico incluye todos los tejidos nerviosos que están por fuera del sistema nervioso central. Es una compleja red de comunicaciones. Los nervios que llevan información al sistema nervioso central se consideran vías sensitivas; los que llevan las respuestas, vías motoras.

Otra parte del sistema periférico controla los músculos involuntarios, vinculados a los órganos (sistema nervioso vegetativo, también llamado autónomo).

## Estímulos y respuestas

Cuando el sistema nervioso central recibe un estímulo, puede provocar algún tipo de movimiento (respuesta motora) o producir alguna sustancia (respuesta secretoria). Un ejemplo de respuesta secretoria es cuando se nos llena la boca de saliva al sentir un rico olor a comida. De esta manera, se prepara el inicio de la digestión.

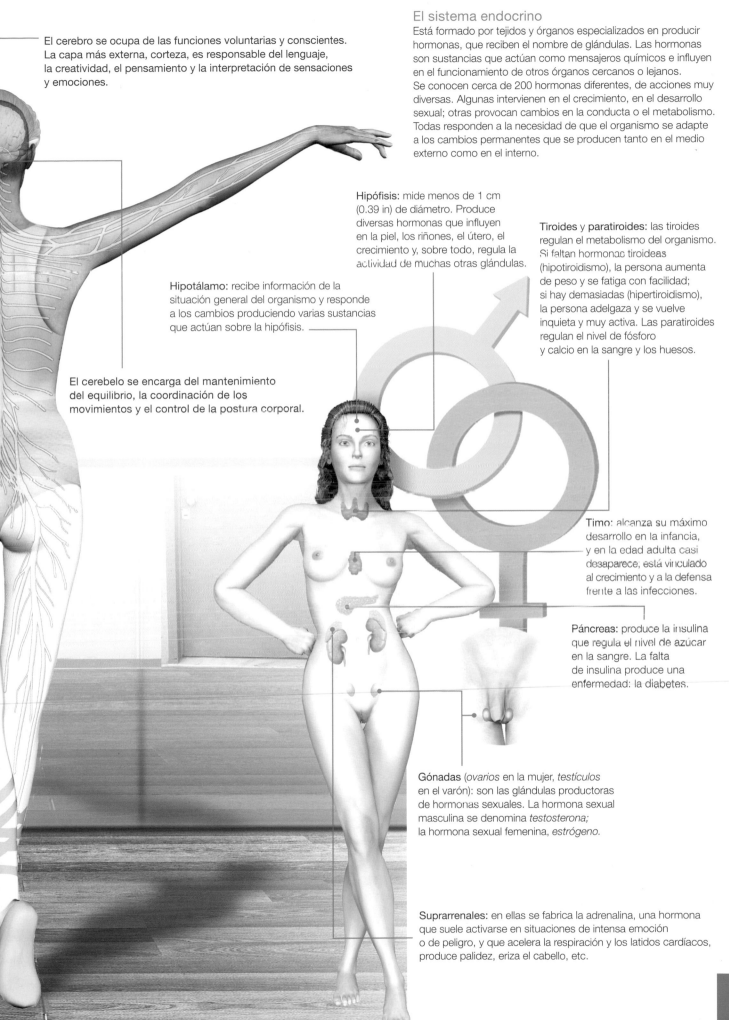

El cerebro se ocupa de las funciones voluntarias y conscientes. La capa más externa, corteza, es responsable del lenguaje, la creatividad, el pensamiento y la interpretación de sensaciones y emociones.

## El sistema endocrino

Está formado por tejidos y órganos especializados en producir hormonas, que reciben el nombre de glándulas. Las hormonas son sustancias que actúan como mensajeros químicos e influyen en el funcionamiento de otros órganos cercanos o lejanos. Se conocen cerca de 200 hormonas diferentes, de acciones muy diversas. Algunas intervienen en el crecimiento, en el desarrollo sexual; otras provocan cambios en la conducta o el metabolismo. Todas responden a la necesidad de que el organismo se adapte a los cambios permanentes que se producen tanto en el medio externo como en el interno.

**Hipófisis:** mide menos de 1 cm (0.39 in) de diámetro. Produce diversas hormonas que influyen en la piel, los riñones, el útero, el crecimiento y, sobre todo, regula la actividad de muchas otras glándulas.

**Tiroides y paratiroides:** las tiroides regulan el metabolismo del organismo. Si faltan hormonas tiroideas (hipotiroidismo), la persona aumenta de peso y se fatiga con facilidad; si hay demasiadas (hipertiroidismo), la persona adelgaza y se vuelve inquieta y muy activa. Las paratiroides regulan el nivel de fósforo y calcio en la sangre y los huesos.

**Hipotálamo:** recibe información de la situación general del organismo y responde a los cambios produciendo varias sustancias que actúan sobre la hipófisis.

El cerebelo se encarga del mantenimiento del equilibrio, la coordinación de los movimientos y el control de la postura corporal.

**Timo:** alcanza su máximo desarrollo en la infancia, y en la edad adulta casi desaparece; está vinculado al crecimiento y a la defensa frente a las infecciones.

**Páncreas:** produce la insulina que regula el nivel de azúcar en la sangre. La falta de insulina produce una enfermedad: la diabetes.

**Gónadas** (*ovarios* en la mujer, *testículos* en el varón): son las glándulas productoras de hormonas sexuales. La hormona sexual masculina se denomina *testosterona*; la hormona sexual femenina, *estrógeno*.

**Suprarrenales:** en ellas se fabrica la adrenalina, una hormona que suele activarse en situaciones de intensa emoción o de peligro, y que acelera la respiración y los latidos cardíacos, produce palidez, eriza el cabello, etc.

# ¿**Cómo** funciona una mano?

**P**recisión y fuerza. Esas son las dos características fundamentales del prodigioso funcionamiento de la mano humana. Tal combinación se logra gracias a una compleja estructura que cuenta con una gran cantidad y variedad de elementos: músculos y tendones de gran resistencia, muchos huesos pequeños delicadamente articulados, numerosas terminaciones nerviosas, abundante riego sanguíneo. Y un rasgo clave: la oposición del pulgar.

## ¿Qué significa oposición del pulgar?

Se dice que nuestras manos tienen el pulgar oponible. Esto significa que el pulgar está enfrentado a los otros cuatro dedos, orientado en otra dirección, y que puede moverse hacia las puntas de los demás dedos y tocarlos. Esa capacidad es indispensable tanto para poder sujetar con fuerza un objeto como para manejar un instrumento con mucha precisión.

El pulgar y el índice pueden actuar como una pinza fuerte y delicada. Esa habilidad se adquiere a partir de los 12 meses de edad.

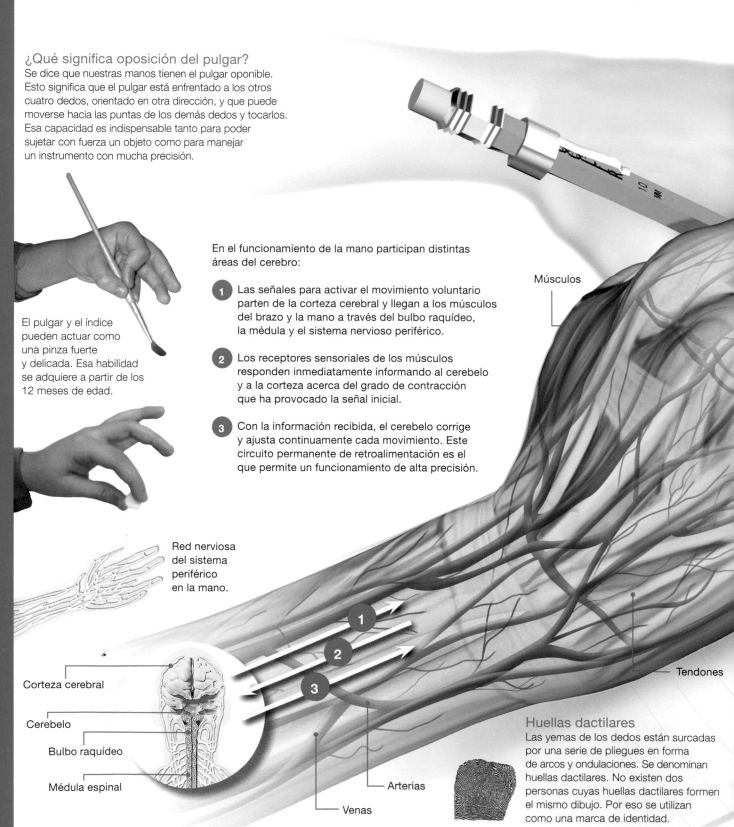

En el funcionamiento de la mano participan distintas áreas del cerebro:

**1** Las señales para activar el movimiento voluntario parten de la corteza cerebral y llegan a los músculos del brazo y la mano a través del bulbo raquídeo, la médula y el sistema nervioso periférico.

**2** Los receptores sensoriales de los músculos responden inmediatamente informando al cerebelo y a la corteza acerca del grado de contracción que ha provocado la señal inicial.

**3** Con la información recibida, el cerebelo corrige y ajusta continuamente cada movimiento. Este circuito permanente de retroalimentación es el que permite un funcionamiento de alta precisión.

Músculos

Red nerviosa del sistema periférico en la mano.

Corteza cerebral

Cerebelo

Bulbo raquídeo

Médula espinal

Tendones

Arterias

Venas

## Huellas dactilares

Las yemas de los dedos están surcadas por una serie de pliegues en forma de arcos y ondulaciones. Se denominan huellas dactilares. No existen dos personas cuyas huellas dactilares formen el mismo dibujo. Por eso se utilizan como una marca de identidad.

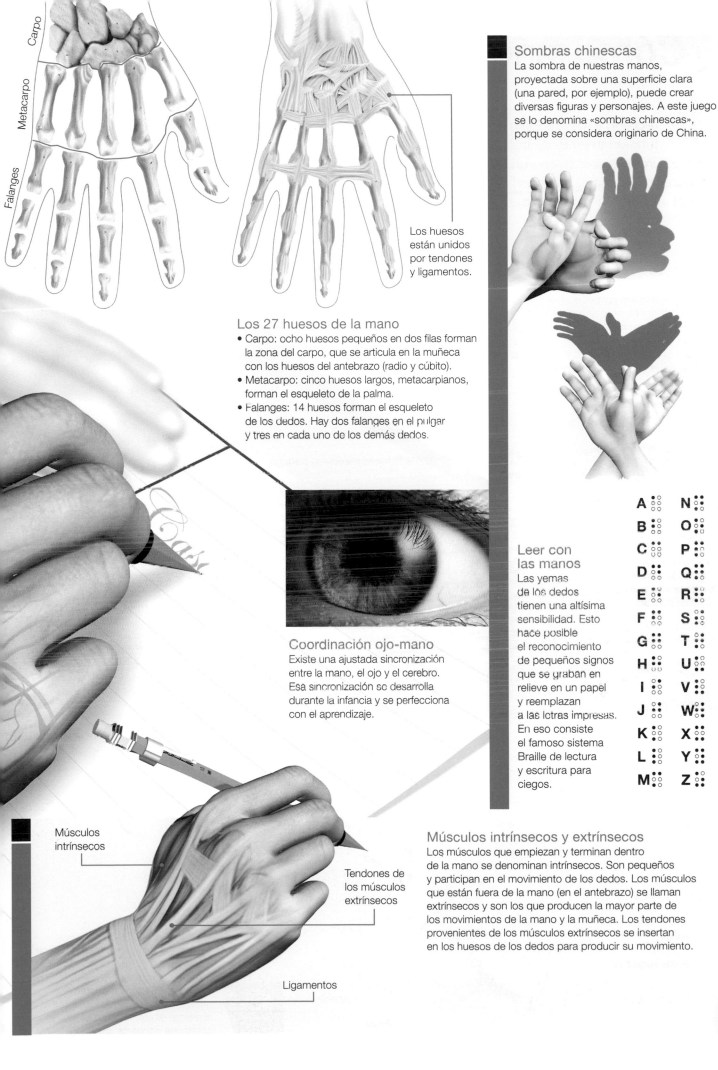

Carpo

Metacarpo

Falanges

Los huesos están unidos por tendones y ligamentos.

## Los 27 huesos de la mano
- Carpo: ocho huesos pequeños en dos filas forman la zona del carpo, que se articula en la muñeca con los huesos del antebrazo (radio y cúbito).
- Metacarpo: cinco huesos largos, metacarpianos, forman el esqueleto de la palma.
- Falanges: 14 huesos forman el esqueleto de los dedos. Hay dos falanges en el pulgar y tres en cada uno de los demás dedos.

## Sombras chinescas
La sombra de nuestras manos, proyectada sobre una superficie clara (una pared, por ejemplo), puede crear diversas figuras y personajes. A este juego se lo denomina «sombras chinescas», porque se considera originario de China.

## Coordinación ojo-mano
Existe una ajustada sincronización entre la mano, el ojo y el cerebro. Esa sincronización se desarrolla durante la infancia y se perfecciona con el aprendizaje.

## Leer con las manos
Las yemas de los dedos tienen una altísima sensibilidad. Esto hace posible el reconocimiento de pequeños signos que se graban en relieve en un papel y reemplazan a las letras impresas. En eso consiste el famoso sistema Braille de lectura y escritura para ciegos.

| | | | |
|---|---|---|---|
| A | | N | |
| B | | O | |
| C | | P | |
| D | | Q | |
| E | | R | |
| F | | S | |
| G | | T | |
| H | | U | |
| I | | V | |
| J | | W | |
| K | | X | |
| L | | Y | |
| M | | Z | |

Músculos intrínsecos

Tendones de los músculos extrínsecos

Ligamentos

## Músculos intrínsecos y extrínsecos
Los músculos que empiezan y terminan dentro de la mano se denominan intrínsecos. Son pequeños y participan en el movimiento de los dedos. Los músculos que están fuera de la mano (en el antebrazo) se llaman extrínsecos y son los que producen la mayor parte de los movimientos de la mano y la muñeca. Los tendones provenientes de los músculos extrínsecos se insertan en los huesos de los dedos para producir su movimiento.

# ¿**Por qué** se agrandan las pupilas cuando hay poca luz?

L a pupila es una abertura por la cual la luz penetra en el ojo. El iris (el «color» del ojo) es un pequeño músculo circular que se encarga de regular esa abertura. En la oscuridad abre más la pupila, agrandándola, para captar toda la luz posible. Cuando la luminosidad es muy intensa, la cierra para reducir la entrada de luz.

## Ojos rojos

Las pupilas se acomodan rápidamente a la luz, pero no de forma inmediata. Por eso, si se toma una fotografía con *flash* común, las pupilas no se cierran a tiempo y las personas fotografiadas aparecen con los ojos rojos. Casi todas las nuevas cámaras fotográficas tienen la opción de un *flash* especial para retratos nocturnos, que titila una fracción de segundo antes de dispararse para dar tiempo a que el iris reaccione.

## ¿Cómo vemos?

1. La luz entra en el ojo a través de la pupila.

2. Una lente, llamada *cristalino,* enfoca la imagen y la proyecta hacia el fondo del globo ocular *(retina).*

3. En la retina hay dos tipos de células sensibles a la luz: *conos* y *bastones* (unos 6 millones de conos y 120 millones de bastones en cada ojo). Los bastones perciben los colores.

4. Las terminaciones nerviosas de conos y bastones forman el *nervio óptico,* que envía la información al cerebro. La combinación de informaciones recibidas por ambos ojos permite percibir luz, colores y distancias.

## Un pequeño experimento

Si nos colocamos frente a un espejo en una habitación en penumbra, o medianamente iluminada, y enfocamos nuestros ojos con una linterna, podremos ver cómo la pupila disminuye de tamaño al encender la linterna y vuelve a agrandarse cuando la apagamos. Si hacemos la experiencia junto con otra persona, se puede usar una lupa para apreciar mejor el efecto.

## Visión tridimensional

El hecho de tener dos ojos es lo que nos permite percibir las distancias, los relieves, la profundidad. Ambos ojos reciben imágenes muy parecidas pero no idénticas, dado que están separados por varios centímetros. El modo en que el cerebro superpone y procesa las dos imágenes es lo que produce una visión tridimensional.

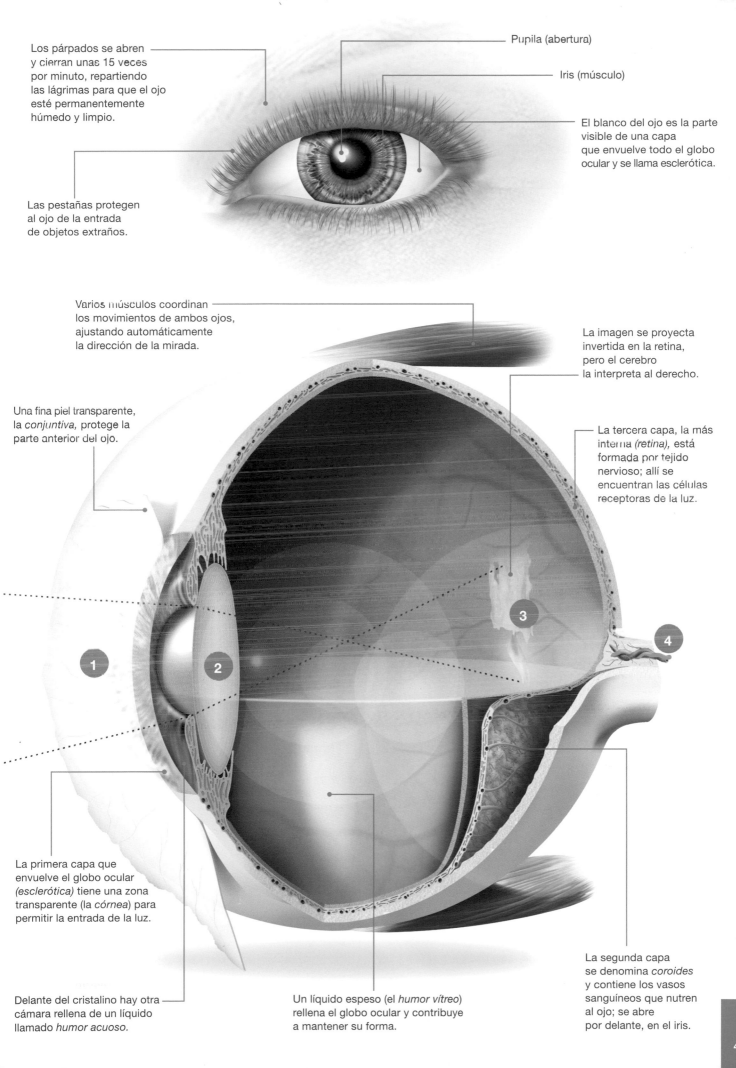

Los párpados se abren y cierran unas 15 veces por minuto, repartiendo las lágrimas para que el ojo esté permanentemente húmedo y limpio.

Pupila (abertura)

Iris (músculo)

El blanco del ojo es la parte visible de una capa que envuelve todo el globo ocular y se llama esclerótica.

Las pestañas protegen al ojo de la entrada de objetos extraños.

Varios músculos coordinan los movimientos de ambos ojos, ajustando automáticamente la dirección de la mirada.

La imagen se proyecta invertida en la retina, pero el cerebro la interpreta al derecho.

Una fina piel transparente, la *conjuntiva,* protege la parte anterior del ojo.

La tercera capa, la más interna *(retina),* está formada por tejido nervioso; allí se encuentran las células receptoras de la luz.

La primera capa que envuelve el globo ocular *(esclerótica)* tiene una zona transparente (la *córnea)* para permitir la entrada de la luz.

Delante del cristalino hay otra cámara rellena de un líquido llamado *humor acuoso.*

Un líquido espeso (el *humor vítreo)* rellena el globo ocular y contribuye a mantener su forma.

La segunda capa se denomina *coroides* y contiene los vasos sanguíneos que nutren al ojo; se abre por delante, en el iris.

# ¿**Cuáles** son los huesos
## más pequeños del cuerpo?

Los huesecillos más pequeños de nuestro cuerpo están dentro del oído. Se llaman martillo, yunque, lenticular y estribo. Están conectados entre sí formando una cadena que transmite las vibraciones del sonido desde la oreja y el conducto auditivo hacia la zona más profunda del oído. El estribo, último eslabón de esa cadena, mide tres milímetros (0.11 in) de largo.

### El caracol por dentro

En la parte más interna del oído se encuentra el caracol o cóclea: un conducto enrollado en espiral, lleno de líquido y tapizado por miles de células receptoras a las que llegan las vibraciones del sonido. Esas células tienen terminaciones nerviosas para transmitir la información hacia el cerebro.

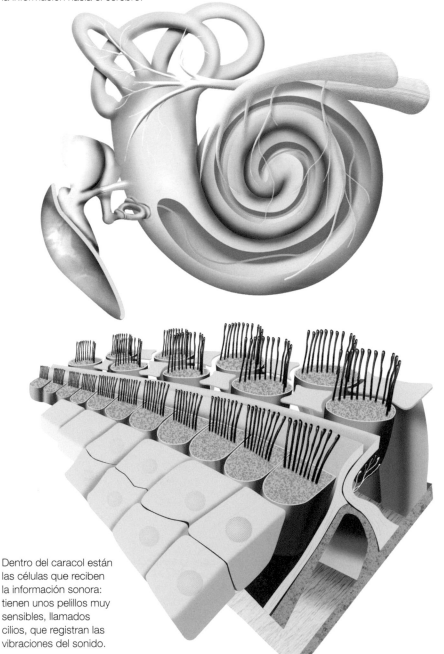

Dentro del caracol están las células que reciben la información sonora: tienen unos pelillos muy sensibles, llamados cilios, que registran las vibraciones del sonido.

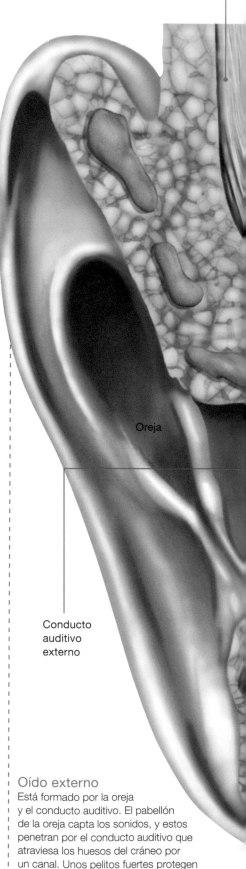

Músculo temporal

Oreja

Conducto auditivo externo

### Oído externo

Está formado por la oreja y el conducto auditivo. El pabellón de la oreja capta los sonidos, y estos penetran por el conducto auditivo que atraviesa los huesos del cráneo por un canal. Unos pelitos fuertes protegen la entrada del conducto, y sus paredes segregan una cera lubricante.

## El oído y los aviones

Si viajamos en avión podemos sentir una molestia en el oído durante el despegue o el aterrizaje. Es porque se produce una diferencia de presión entre el aire contenido en el oído medio y el aire externo. La trompa de Eustaquio, que comunica el oído con la nariz —y se ensancha al bostezar, masticar o tragar—, tiene que abrirse un poco para que el aire pueda entrar o salir y equilibrarse. Una sensación similar puede percibirse en un ascensor que sube o baja demasiado rápido.

## Los decibelios (Db)

La intensidad de los sonidos se mide en decibelios (Db). La exposición prolongada a ruidos superiores a los 90 decibelios puede provocar una sordera temporal. Los ruidos intensos (por encima de los 100 decibelios) pueden causar lesiones irreversibles. Por ejemplo, el uso inadecuado de auriculares con música a un volumen demasiado alto puede dañar definitivamente la audición.

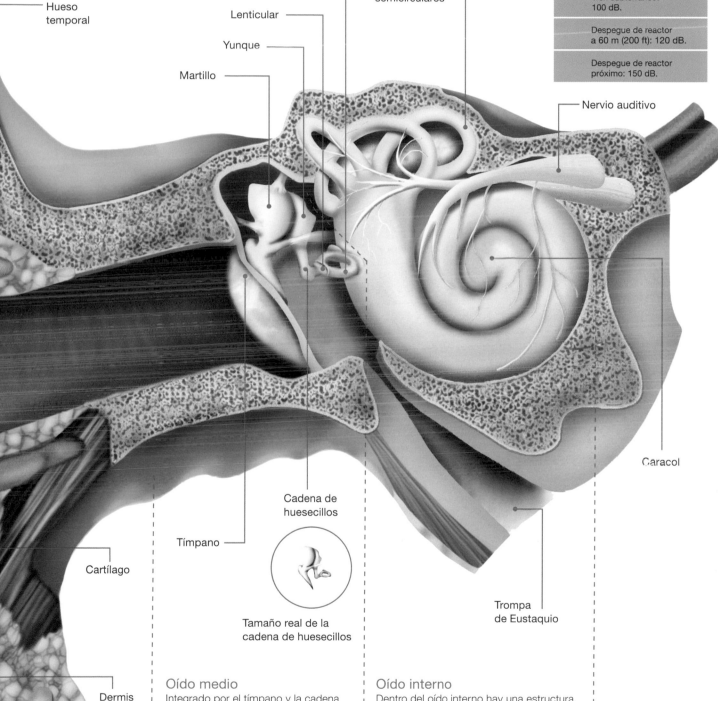

Hueso temporal

Estribo

Lenticular

Yunque

Martillo

Conductos semicirculares

Nervio auditivo

Caracol

Cadena de huesecillos

Tímpano

Cartílago

Tamaño real de la cadena de huesecillos

Trompa de Eustaquio

Dermis

## Oído medio

Integrado por el tímpano y la cadena de huesecillos. El tímpano, ubicado al final del conducto auditivo, vibra como un parche de tambor al recibir los sonidos. Esas vibraciones son captadas, transmitidas y amplificadas por los huesecillos.

## Oído interno

Dentro del oído interno hay una estructura compleja llamada laberinto. Está formada por tres canales semicirculares y varias cavidades, que terminan en un conducto enrollado en forma de caracol. Desde allí el nervio auditivo transmite la información hacia el cerebro.

# ¿**Por qué** nos mareamos al girar?

En la zona más profunda del oído existe una bolsita y unos pequeños canales semicirculares llenos de líquido que informan al cerebro acerca de la posición y el movimiento de la cabeza. Cuando damos muchas vueltas y rápidas y luego nos detenemos de golpe, el líquido continúa moviéndose durante cierto tiempo, pero los ojos y los músculos informan de que estamos quietos. Entonces, el cerebro se confunde con esos datos contradictorios y se produce el mareo.

La vista envía información que el cerebro utiliza para saber si estamos quietos o en movimiento.

El líquido contenido en el oído interno informa acerca de la posición y los movimientos de la cabeza.

## Coordinación del sistema nervioso

Para regular la postura y el equilibrio del cuerpo, y posibilitar los movimientos coordinados, se necesita: la acción integrada del oído interno, los receptores externos, las señales visuales, la información que transmiten las articulaciones, la actividad de distintas áreas del cerebro y el cerebelo... ¡Todo eso!

En la base del cráneo el cerebelo recibe la información de los ojos, los oídos y los músculos, y la integra ajustando los movimientos para darles precisión.

En las articulaciones hay receptores que recogen información acerca de la posición de cada parte de nuestro cuerpo.

## Destrezas

La coordinación entre los distintos elementos que regulan la postura, el equilibrio y la precisión de los movimientos se puede afinar a través del entrenamiento y el aprendizaje. Tanto es así, que algunas personas desarrollan destrezas muy superiores a las habituales.

Los receptores externos, situados en la piel, informan al cerebro de cuáles son nuestros puntos de apoyo.

## Cuando viajar marea

El mareo que puede producir el movimiento de un automóvil, de un autobús o de un barco también está relacionado con el movimiento del líquido contenido en el oído interno. El vértigo es otro síntoma vinculado a una alteración en la información que recibe esta parte del oído.

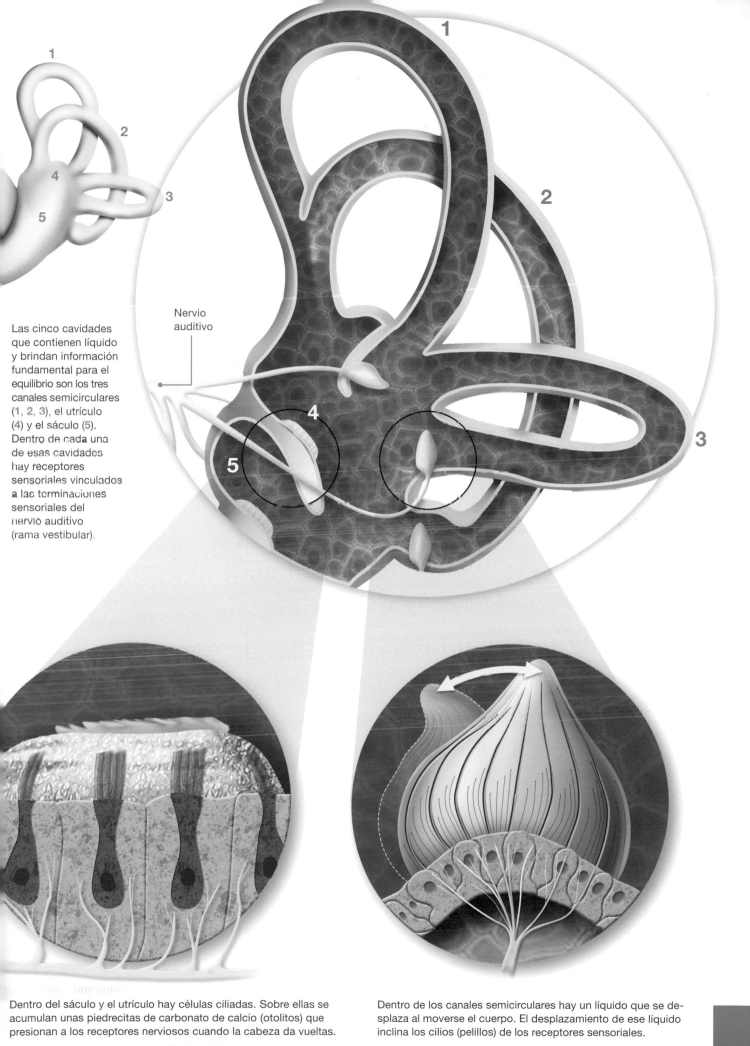

Las cinco cavidades que contienen líquido y brindan información fundamental para el equilibrio son los tres canales semicirculares (1, 2, 3), el utrículo (4) y el sáculo (5). Dentro de cada una de esas cavidades hay receptores sensoriales vinculados a las terminaciones sensoriales del nervio auditivo (rama vestibular).

Nervio auditivo

Dentro del sáculo y el utrículo hay células ciliadas. Sobre ellas se acumulan unas piedrecitas de carbonato de calcio (otolitos) que presionan a los receptores nerviosos cuando la cabeza da vueltas.

Dentro de los canales semicirculares hay un líquido que se desplaza al moverse el cuerpo. El desplazamiento de ese líquido inclina los cilios (pelillos) de los receptores sensoriales.

# ¿**Por qué** percibimos menos sabores cuando estamos resfriados?

L o que llamamos sabor es una sensación que combina la información que da el sentido del gusto con la del olfato. Esto sucede porque cuando nos ponemos un alimento en la boca su olor alcanza las fosas nasales. Si tenemos la nariz tapada, solo recibimos sensaciones gustativas, y no alcanzamos a captar todo el sabor. El sentido del olfato, en cambio, es independiente: el perfume de una flor no nos da información sobre su gusto.

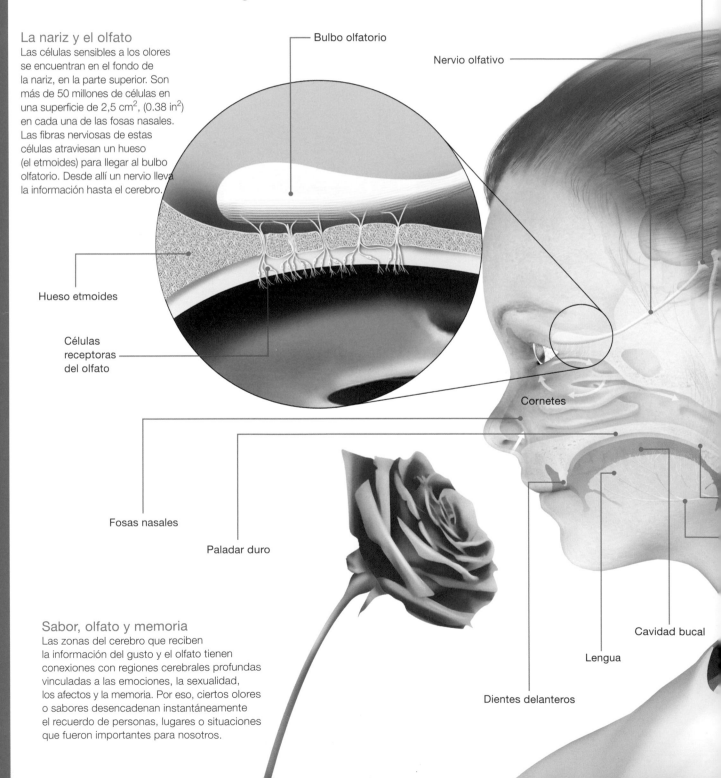

## La nariz y el olfato
Las células sensibles a los olores se encuentran en el fondo de la nariz, en la parte superior. Son más de 50 millones de células en una superficie de 2,5 cm$^2$, (0.38 in$^2$) en cada una de las fosas nasales. Las fibras nerviosas de estas células atraviesan un hueso (el etmoides) para llegar al bulbo olfatorio. Desde allí un nervio lleva la información hasta el cerebro.

Bulbo olfatorio

Nervio olfativo

Hueso etmoides

Células receptoras del olfato

Cornetes

Fosas nasales

Paladar duro

Cavidad bucal

Lengua

Dientes delanteros

## Sabor, olfato y memoria
Las zonas del cerebro que reciben la información del gusto y el olfato tienen conexiones con regiones cerebrales profundas vinculadas a las emociones, la sexualidad, los afectos y la memoria. Por eso, ciertos olores o sabores desencadenan instantáneamente el recuerdo de personas, lugares o situaciones que fueron importantes para nosotros.

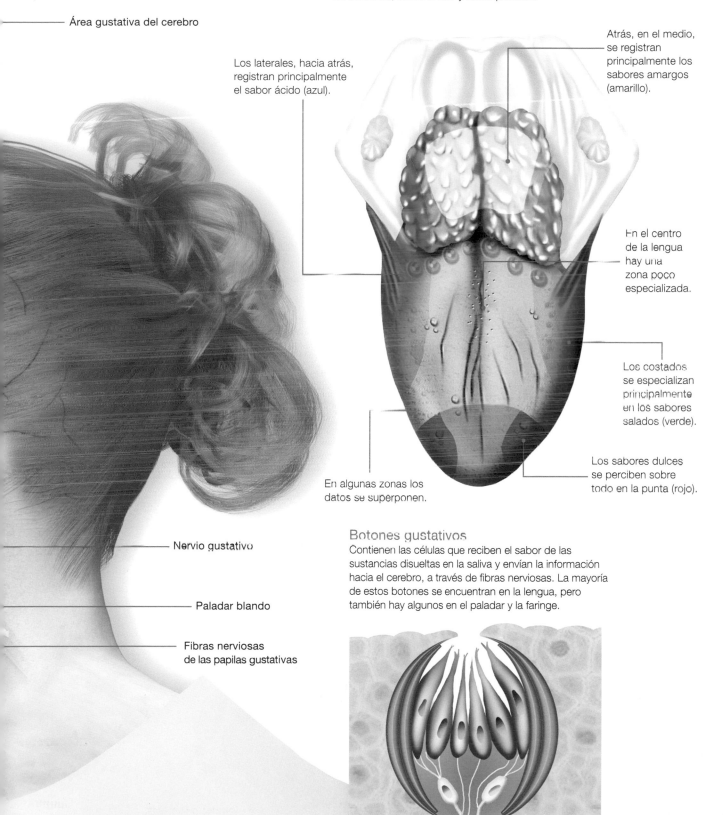

## La lengua y el gusto

La lengua es el órgano con más movimiento de todo el cuerpo. Participa en funciones muy importantes para la vida, como la alimentación y el habla. Su superficie está tapizada por millares de pequeños sensores que recogen información sobre el gusto. Hay cuatro tipos básicos de gustos: dulce, amargo, salado y ácido. En distintas zonas de la lengua se perciben con más intensidad algunos de ellos. El sabor es la combinación de esos gustos más otras sensaciones, como el olor y la temperatura.

Área olfativa del cerebro

Área gustativa del cerebro

Los laterales, hacia atrás, registran principalmente el sabor ácido (azul).

Atrás, en el medio, se registran principalmente los sabores amargos (amarillo).

En el centro de la lengua hay una zona poco especializada.

Los costados se especializan principalmente en los sabores salados (verde).

Los sabores dulces se perciben sobre todo en la punta (rojo).

En algunas zonas los datos se superponen.

Nervio gustativo

Paladar blando

Fibras nerviosas de las papilas gustativas

## Botones gustativos

Contienen las células que reciben el sabor de las sustancias disueltas en la saliva y envían la información hacia el cerebro, a través de fibras nerviosas. La mayoría de estos botones se encuentran en la lengua, pero también hay algunos en el paladar y la faringe.

# ¿**Cómo** sabemos si hace frío o calor?

En toda la superficie de la piel hay receptores especializados en detectar el frío y otros que perciben el calor. No están distribuidos de manera homogénea: hay zonas más sensibles que otras. Los estímulos que captan los receptores se transmiten por los nervios sensitivos a la médula espinal y llegan hasta el hipotálamo, ubicado en la base del cerebro. El hipotálamo es el encargado de mantener una temperatura constante en el interior del cuerpo aunque varíe la temperatura exterior.

## Otros receptores sensoriales de la piel

Además de las que perciben el frío y el calor, en la piel hay una gran variedad de terminaciones nerviosas.

Sensibles al tacto: corpúsculos de Meissner y discos de Merkel. Hay muchísimos en las yemas de los dedos.

Detectan la presión, vibración y estiramiento de la piel: corpúsculos de Pacini. Se encuentran en la superficie de la piel y también en algunos órganos internos.

Algunas terminaciones nerviosas libres son sensibles al dolor. En el ojo, por ejemplo, reaccionan al menor roce.

Hay terminaciones nerviosas que forman una red alrededor del bulbo piloso y resultan estimuladas al tocar el pelo que emerge de la piel.

Estímulos térmicos (calor)

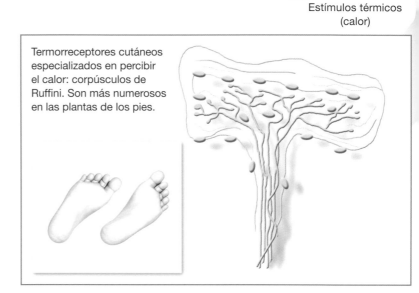

Termorreceptores cutáneos especializados en percibir el calor: corpúsculos de Ruffini. Son más numerosos en las plantas de los pies.

## Reacción ante el calor

Cuando la temperatura exterior es alta, el organismo busca eliminar calor de diversos modos:

1. A través de la radiación de la piel.
2. Produciendo transpiración que refresca la piel al evaporarse.
3. Conduciendo el calor hacia superficies de apoyo más frías.
4. Enrojeciendo la piel por la dilatación de los vasos sanguíneos superficiales.
5. Eliminando vapor caliente a través de los pulmones en la respiración.

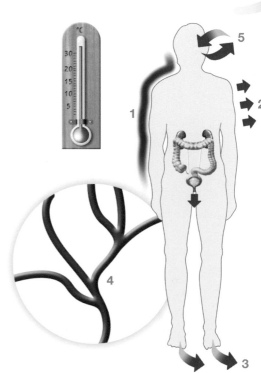

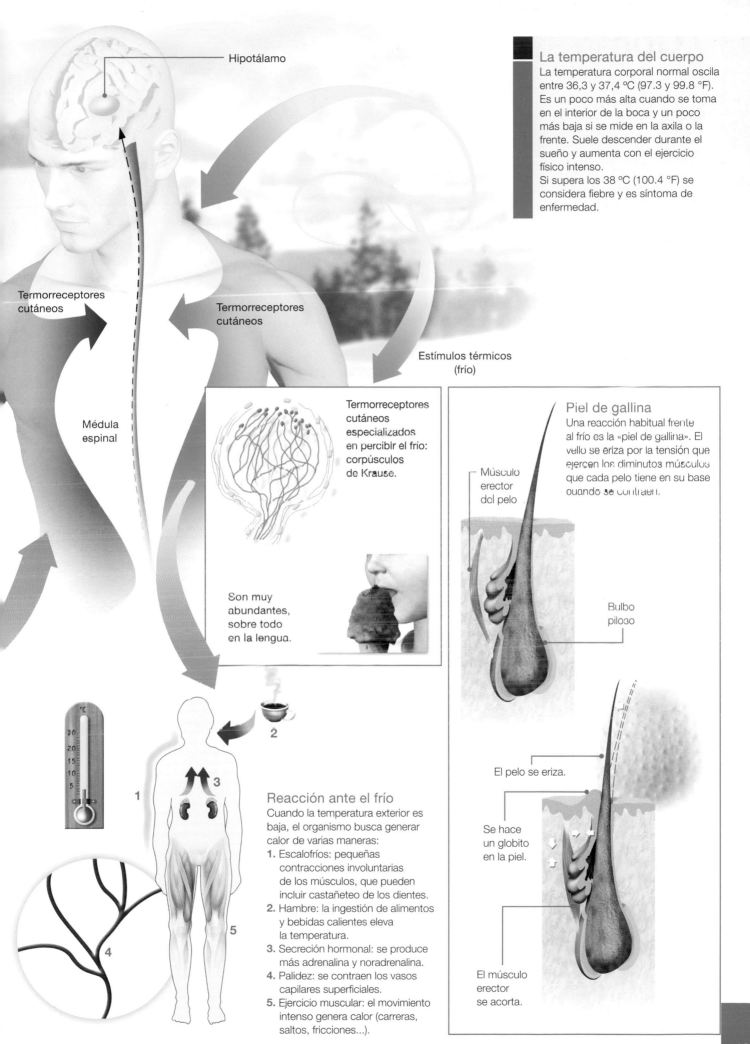

Hipotálamo

Termorreceptores cutáneos

Termorreceptores cutáneos

Estímulos térmicos (frío)

Médula espinal

## La temperatura del cuerpo

La temperatura corporal normal oscila entre 36,3 y 37,4 ºC (97.3 y 99.8 °F). Es un poco más alta cuando se toma en el interior de la boca y un poco más baja si se mide en la axila o la frente. Suele descender durante el sueño y aumenta con el ejercicio físico intenso.

Si supera los 38 ºC (100.4 °F) se considera fiebre y es síntoma de enfermedad.

Termorreceptores cutáneos especializados en percibir el frío: corpúsculos de Krause.

Son muy abundantes, sobre todo en la lengua.

## Piel de gallina

Una reacción habitual frente al frío es la «piel de gallina». El vello se eriza por la tensión que ejercen los diminutos músculos que cada pelo tiene en su base cuando se contraen.

Músculo erector del pelo

Bulbo piloso

El pelo se eriza.

Se hace un globito en la piel.

El músculo erector se acorta.

2

1

3

4

5

## Reacción ante el frío

Cuando la temperatura exterior es baja, el organismo busca generar calor de varias maneras:

1. Escalofríos: pequeñas contracciones involuntarias de los músculos, que pueden incluir castañeteo de los dientes.
2. Hambre: la ingestión de alimentos y bebidas calientes eleva la temperatura.
3. Secreción hormonal: se produce más adrenalina y noradrenalina.
4. Palidez: se contraen los vasos capilares superficiales.
5. Ejercicio muscular: el movimiento intenso genera calor (carreras, saltos, fricciones...).

# ¿**Qué** pasa cuando tenemos miedo?

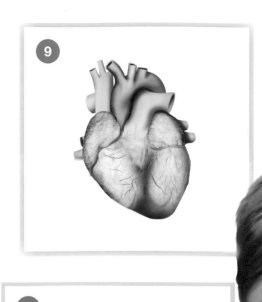

E l miedo es una emoción muy poderosa que afecta a todo el organismo; la reacción no solo se produce a nivel hormonal, sino también en el sistema nervioso. Cuando recibimos una fuerte señal de alarma, unas glándulas que se ubican como casquetes sobre los riñones (glándulas suprarrenales) segregan una hormona llamada adrenalina. A partir de ahí, y según la intensidad y duración de la descarga, se produce una serie de reacciones biológicas en cadena: todo el cuerpo se prepara para luchar o huir.

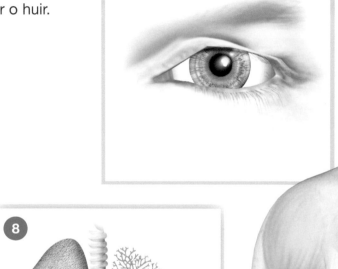

1. El peligro (aunque sea imaginario) activa la zona frontal de la corteza cerebral.

2. El hipotálamo, que regula la actividad de las glándulas, estimula a las suprarrenales.

3. Activación del sistema nervioso simpático. Las glándulas suprarrenales segregan adrenalina, que va a la sangre.

4. Las pupilas de los ojos se dilatan para aumentar la visión.

5. El pelo se eriza (esto también sucede en los perros y los gatos cuando pelean, para tener un aspecto más fiero).

6. La sangre aumenta su capacidad de coagulación por si se produce alguna herida.

7. Los músculos intercostales permiten que el tórax se ensanche y aumente el volumen de aire en los pulmones.

8. Los bronquios se dilatan para tomar mayor cantidad de oxígeno.

9. El corazón se acelera para aumentar la provisión de sangre.

10. Se eleva la presión sanguínea.

11. Los músculos se tensan en situación de alerta.

12. La piel palidece y los vasos periféricos se contraen porque la sangre acude hacia zonas más vitales. Los vasos sanguíneos más profundos se dilatan.

13. El hígado libera glucosa: combustible rápido para los músculos.

14. En casos de *shock* extremo, la vejiga puede vaciarse. Los intestinos pueden tener una reacción similar.

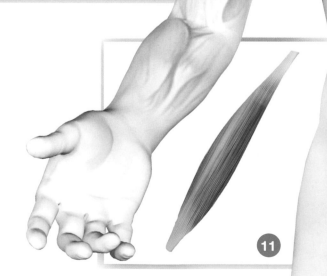

### Estrés
Ciertos estilos de vida, con situaciones de permanente exigencia, hacen que gran parte de las reacciones del cuerpo frente al miedo se conviertan en crónicas: eso es lo que se conoce como *estrés*. También las situaciones gratas que incluyen una intensa emoción pueden producir importantes descargas de adrenalina en nuestro organismo. Con frecuencia, esto les sucede a los actores o músicos, que sufren el fuerte impacto de subir al escenario.

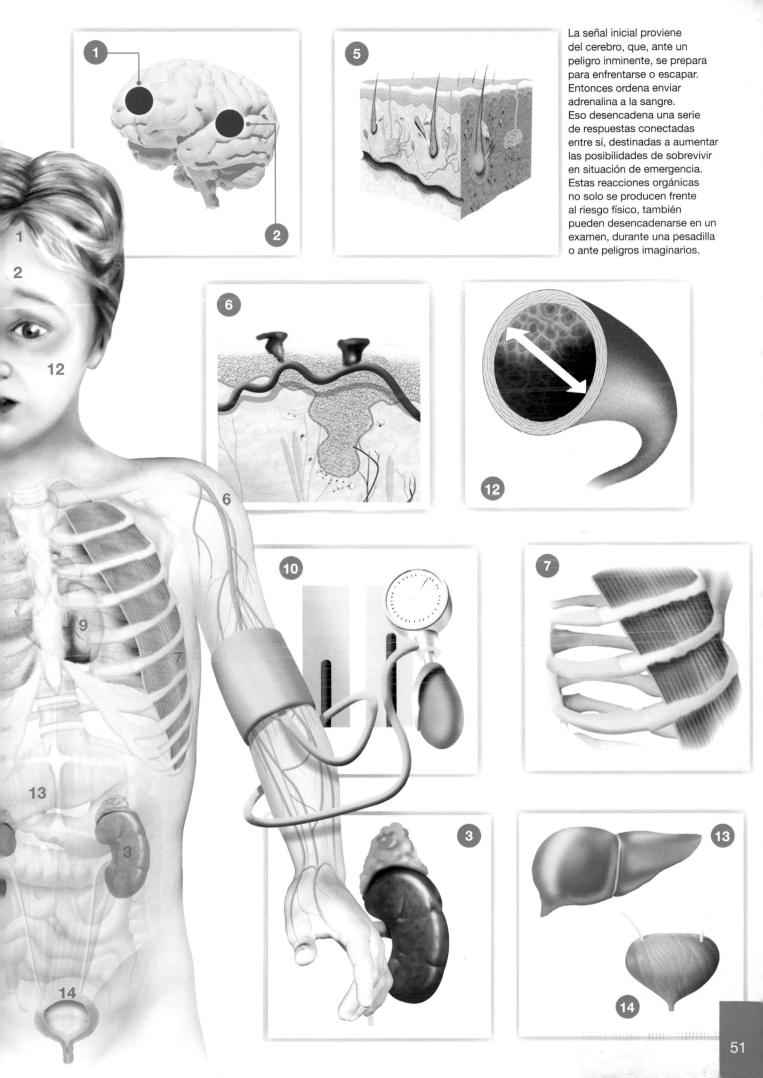

La señal inicial proviene del cerebro, que, ante un peligro inminente, se prepara para enfrentarse o escapar. Entonces ordena enviar adrenalina a la sangre. Eso desencadena una serie de respuestas conectadas entre sí, destinadas a aumentar las posibilidades de sobrevivir en situación de emergencia. Estas reacciones orgánicas no solo se producen frente al riesgo físico, también pueden desencadenarse en un examen, durante una pesadilla o ante peligros imaginarios.

# ¿**Cómo** nos defendemos de las infecciones?

Nuestro organismo tiene varias barreras de protección frente a las infecciones. La primera es la piel. Otra es la producción de sustancias químicas, como los ácidos del sistema digestivo. Si los gérmenes (bacterias o virus) logran traspasar esas barreras, existen células especiales, los glóbulos blancos o linfocitos, que se ocupan de destruirlos. Hay distintos tipos de glóbulos blancos que recorren el cuerpo, pero se concentran en tejidos llamados linfáticos: las amígdalas, el bazo, la sangre...

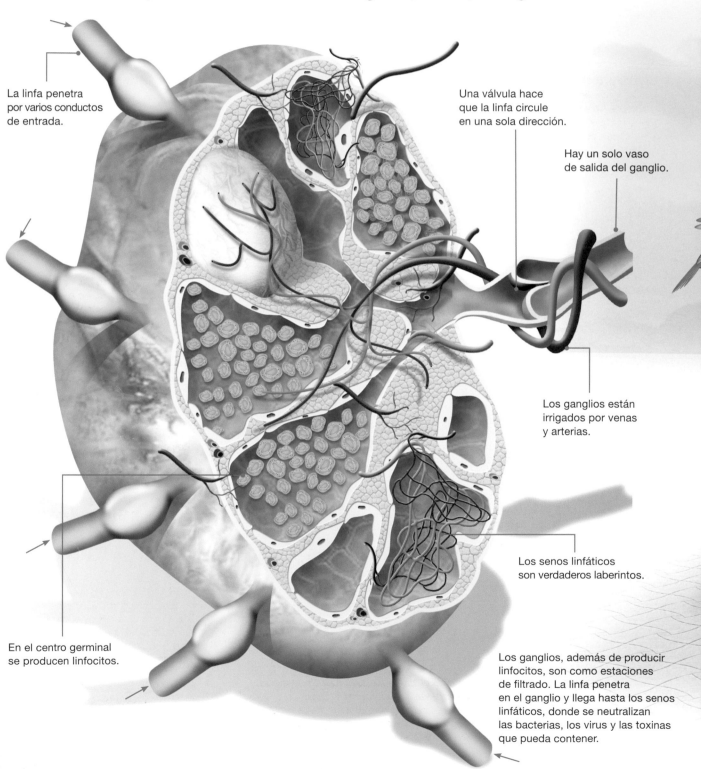

La linfa penetra por varios conductos de entrada.

Una válvula hace que la linfa circule en una sola dirección.

Hay un solo vaso de salida del ganglio.

Los ganglios están irrigados por venas y arterias.

Los senos linfáticos son verdaderos laberintos.

En el centro germinal se producen linfocitos.

Los ganglios, además de producir linfocitos, son como estaciones de filtrado. La linfa penetra en el ganglio y llega hasta los senos linfáticos, donde se neutralizan las bacterias, los virus y las toxinas que pueda contener.

## Enfermedades infecciosas

Son las causadas por seres vivos: bacterias, virus, hongos y otros parásitos. Las *bacterias* son microorganismos unicelulares. Pueden producir neumonías, tuberculosis, tétanos, difterias. Los *virus* están a mitad de camino entre los seres vivos y los inertes. Las principales enfermedades virales son: gripe, sarampión, rubéola, sida. Algunos *hongos* se alimentan de la piel, las uñas, el pelo, produciendo una enfermedad llamada *tiña*. Otros se alojan en zonas húmedas, como la boca o la vagina. Los *parásitos* son animales de mayor tamaño. Es el caso de los gusanos intestinales que causan la triquinosis, o el de los piojos (pediculosis). Actualmente se han detectado unos parásitos que no son seres vivos, sino solo elementos proteicos: los priones, vinculados con la enfermedad de «las vacas locas» (encefalopatía espongiforme bovina).

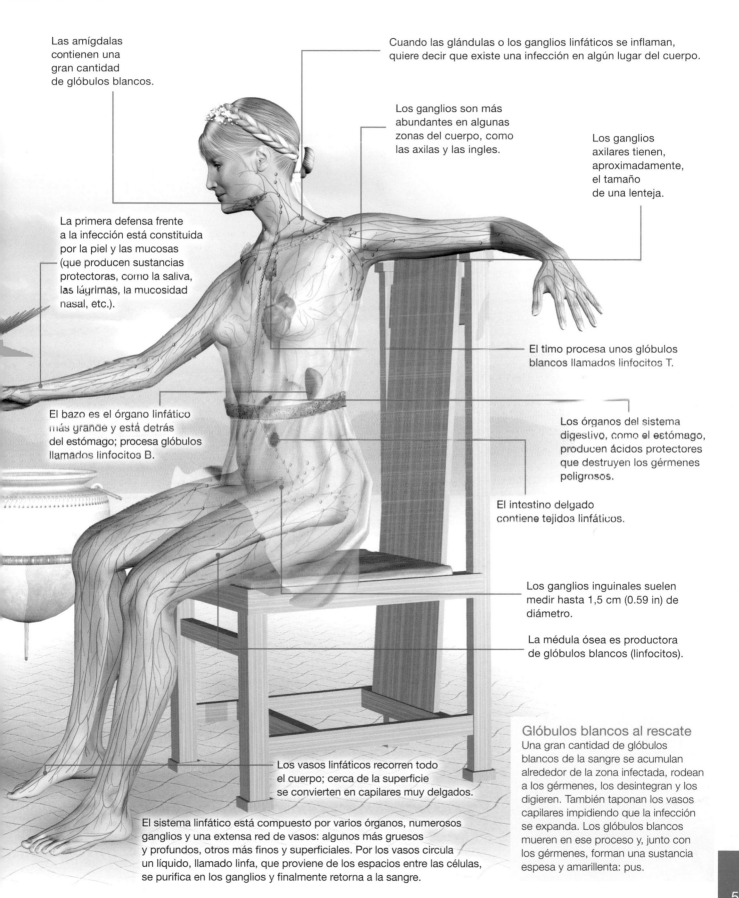

Las amígdalas contienen una gran cantidad de glóbulos blancos.

Cuando las glándulas o los ganglios linfáticos se inflaman, quiere decir que existe una infección en algún lugar del cuerpo.

Los ganglios son más abundantes en algunas zonas del cuerpo, como las axilas y las ingles.

Los ganglios axilares tienen, aproximadamente, el tamaño de una lenteja.

La primera defensa frente a la infección está constituida por la piel y las mucosas (que producen sustancias protectoras, como la saliva, las lágrimas, la mucosidad nasal, etc.).

El bazo es el órgano linfático más grande y está detrás del estómago; procesa glóbulos llamados linfocitos B.

El timo procesa unos glóbulos blancos llamados linfocitos T.

Los órganos del sistema digestivo, como el estómago, producen ácidos protectores que destruyen los gérmenes peligrosos.

El intestino delgado contiene tejidos linfáticos.

Los ganglios inguinales suelen medir hasta 1,5 cm (0.59 in) de diámetro.

La médula ósea es productora de glóbulos blancos (linfocitos).

Los vasos linfáticos recorren todo el cuerpo; cerca de la superficie se convierten en capilares muy delgados.

El sistema linfático está compuesto por varios órganos, numerosos ganglios y una extensa red de vasos: algunos más gruesos y profundos, otros más finos y superficiales. Por los vasos circula un líquido, llamado linfa, que proviene de los espacios entre las células, se purifica en los ganglios y finalmente retorna a la sangre.

### Glóbulos blancos al rescate
Una gran cantidad de glóbulos blancos de la sangre se acumulan alrededor de la zona infectada, rodean a los gérmenes, los desintegran y los digieren. También taponan los vasos capilares impidiendo que la infección se expanda. Los glóbulos blancos mueren en ese proceso y, junto con los gérmenes, forman una sustancia espesa y amarillenta: pus.

# ¿**Cómo** empieza una nueva vida?

El origen de un nuevo ser humano se produce en el momento en que un espermatozoide (célula sexual masculina) penetra en un óvulo maduro (célula sexual femenina). Esa unión se llama fecundación y crea una «célula huevo» o cigoto, que es la primera célula del nuevo ser. Inmediatamente, esta célula comienza a multiplicarse; en nueve meses se habrá convertido en un bebé preparado para nacer.

### Día 1
La fecundación se produce dentro del aparato reproductor femenino. Los espermatozoides son depositados allí por el aparato reproductor masculino durante el acto sexual. De los millones de espermatozoides solo uno, con suerte, logrará su objetivo.

### El primer trimestre
Para la mujer el primer síntoma de embarazo es la falta de menstruación. Pero cuando se produce la primera falta, ya han pasado dos semanas desde la unión del óvulo y el espermatozoide. En la mitad del primer trimestre la embarazada sueletener síntomas más precisos: los pechos hinchados, necesidad de dormir más, náuseas. Normalmente esos trastornos terminan al final de esta etapa.

### Día 4
La célula huevo inicial ya se ha convertido en un conglomerado de 16 células que pronto serán 32. Forman un grupo compacto dentro de la envoltura que rodeaba al óvulo. Esta etapa recibe el nombre de mórula.

## Día 52

Ya son evidentes las cuatro extremidades y, aunque todavía tiene cola, el embrión ha empezado a aproximarse a su aspecto humano. Casi todos sus órganos están formados y algunos ya han comenzado a funcionar. Pronto terminará su período embrionario y entrará en el período fetal.

## ¿Mellizos o gemelos?

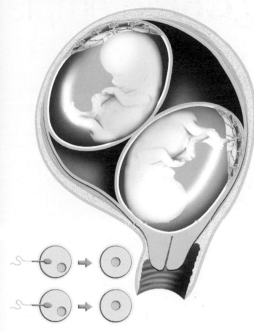

Los mellizos provienen de dos óvulos que fueron fecundados por dos espermatozoides: los dos bebés no tienen la misma combinación genética, así que no serán más parecidos que dos hermanos comunes. Durante el embarazo cada uno tiene su placenta. Pueden ser de distinto sexo.

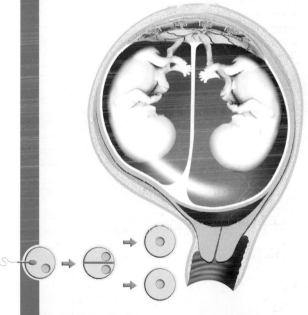

Los hermanos gemelos son idénticos porque se originan en un solo óvulo fecundado por un espermatozoide. La célula huevo se divide en dos, después de la combinación de los datos genéticos aportados por la madre y el padre. Durante todo el embarazo comparten, además, una misma placenta. Y son siempre del mismo sexo.

## Día 28

Las células se han ido diferenciando y moviendo mientras se multiplicaban, hasta formar un embrión con un esbozo de cabeza y cola, un tubo neural que dará lugar al sistema nervioso y un pliegue anterior que se convertirá en tubo digestivo. El corazón ha comenzado a latir, y aunque es un bebé en formación, más bien parece un gusanito.

# ¿**Cómo** respira el bebé antes de nacer?

Dentro del vientre materno el futuro bebé está envuelto por varias membranas que lo protegen y participan en su nutrición. Esa bolsa protectora está llena de un líquido que amortigua golpes, movimientos y ruidos... Como un astronauta, el nuevo ser flota en ese espacio, unido al útero de su madre por el cordón umbilical. A través de ese cordón, que sale de su ombligo y llega hasta un órgano especial llamado placenta, el pequeño recibe oxígeno y nutrientes y se libera del dióxido de carbono y otras sustancias de desecho.

## Segundo trimestre

Al comenzar el segundo trimestre de embarazo el feto ya tiene un aspecto enteramente humano. Mide unos 15 cm (5.9 in) de largo. Ya se pueden escuchar los latidos de su corazón. Con frecuencia se chupa el pulgar. Duerme de 18 a 20 horas al día. Y cuando está despierto, se mueve bastante. Hacia el final de este trimestre mide unos 30 cm (11.8 in) y pesa 1 kg (2.2 lb).

La pared muscular del útero materno es resistente y tan flexible que este órgano puede aumentar hasta 40 veces su tamaño para permitir el crecimiento del futuro bebé.

El cordón umbilical conecta al feto desde el ombligo hasta la placenta; contiene dos arterias y una vena, y alcanza una longitud aproximada de 60 cm (23 in).

## Tercer trimestre

Durante el tercer trimestre el futuro bebé ya abre los ojos y escucha los ruidos externos. Se mueve, aunque el espacio empieza a quedarle pequeño. Hacia el octavo mes de embarazo suele colocarse cabeza abajo, preparándose para nacer. Su formación está completa. Desde ahora y hasta el momento del parto, crecerá y engordará. Y si nace anticipadamente, será capaz de sobrevivir con una ayuda especial para «prematuros».

## Ya respira solito

Pocos minutos después del nacimiento del bebé el cordón umbilical deja de latir y es cortado por la persona que atiende el parto. Desde ese momento, el recién nacido respirará con sus propios pulmones para obtener el oxígeno del aire.

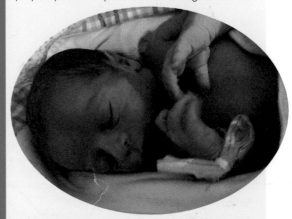

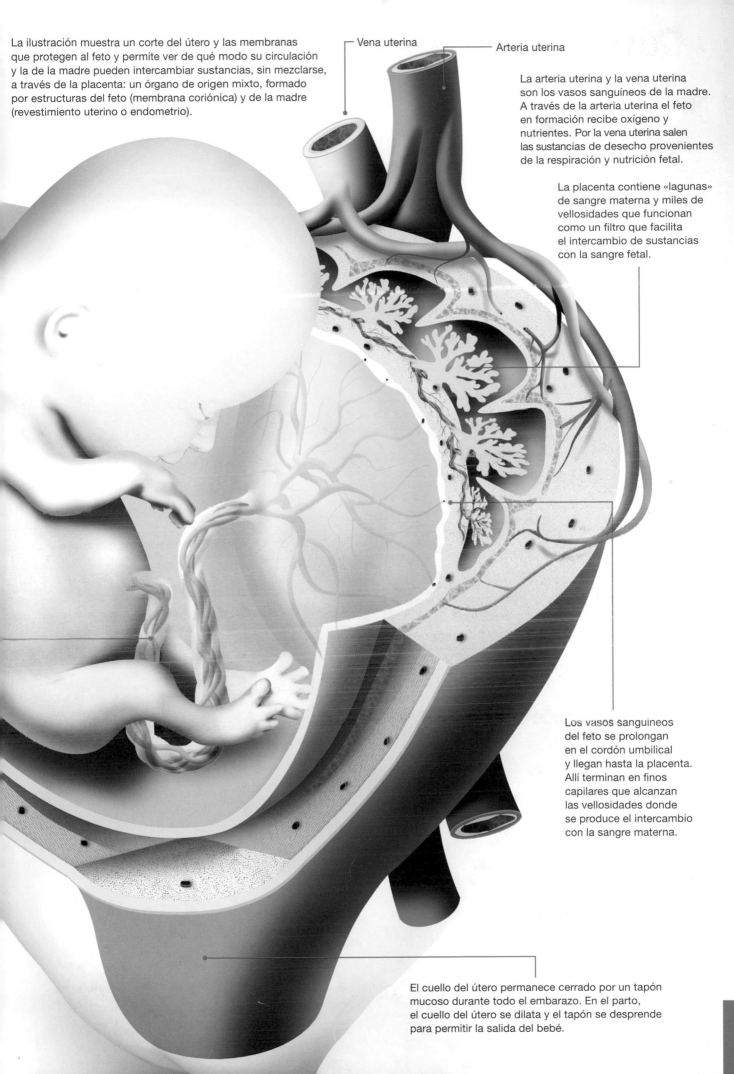

La ilustración muestra un corte del útero y las membranas que protegen al feto y permite ver de qué modo su circulación y la de la madre pueden intercambiar sustancias, sin mezclarse, a través de la placenta: un órgano de origen mixto, formado por estructuras del feto (membrana coriónica) y de la madre (revestimiento uterino o endometrio).

Vena uterina

Arteria uterina

La arteria uterina y la vena uterina son los vasos sanguíneos de la madre. A través de la arteria uterina el feto en formación recibe oxígeno y nutrientes. Por la vena uterina salen las sustancias de desecho provenientes de la respiración y nutrición fetal.

La placenta contiene «lagunas» de sangre materna y miles de vellosidades que funcionan como un filtro que facilita el intercambio de sustancias con la sangre fetal.

Los vasos sanguíneos del feto se prolongan en el cordón umbilical y llegan hasta la placenta. Allí terminan en finos capilares que alcanzan las vellosidades donde se produce el intercambio con la sangre materna.

El cuello del útero permanece cerrado por un tapón mucoso durante todo el embarazo. En el parto, el cuello del útero se dilata y el tapón se desprende para permitir la salida del bebé.

# ¿**Qué** es el diagnóstico por imágenes?

Existen diversos sistemas de diagnóstico por imágenes que permiten ver el interior del cuerpo sin necesidad de abrirlo. Algunos son simples (radiografía) y otros son de alta complejidad (tomografía computadorizada). Algunos no producen molestias al paciente (ecografía) y otros pueden resultar un poco agresivos (endoscopia). Todos constituyen una ayuda de gran valor cuando es necesario descubrir una enfermedad en un paciente o controlar cómo evoluciona su tratamiento.

La Tomografía Axial Computadorizada (TAC) emplea rayos X. El tomógrafo emite un fino haz que se proyecta en forma circular, explorando el cuerpo en cortes o secciones. El especialista recibe imágenes muy precisas. Como en el caso de la radiografía, la radiación puede tener efectos nocivos para el organismo tanto del paciente como de los técnicos, por lo que el sistema debe ser utilizado cumpliendo estrictas normas de precaución.

Algunos tomógrafos se utilizan específicamente para tomar imágenes del cerebro.

La tomografía computadorizada produce imágenes de cortes seriados de los órganos internos. Se empezó a utilizar a partir de 1973.

Cuando el cuerpo es atravesado por la radiación, se mide la densidad de los tejidos. Esa información es procesada por el ordenador y convertida en imágenes que se proyectan en la pantalla.

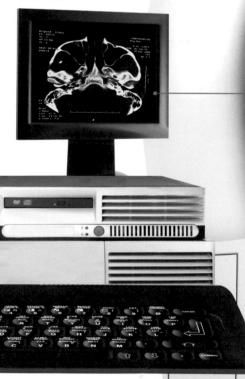

Los datos que registra el tomógrafo se van transmitiendo a una pantalla que está fuera, a la vista del médico.

## Informática y vídeo

La aplicación del vídeo y la informática a los distintos métodos de diagnóstico por imágenes produjo un gran avance de esos recursos. Se multiplicó su capacidad de registrar, procesar y almacenar datos. Los aparatos son capaces de obtener imágenes de altísima calidad de zonas del cuerpo que antes eran inaccesibles sin cirugía. Incluso la cirugía emplea la transmisión de imágenes de vídeo por fibra óptica para realizar intervenciones más precisas por aberturas mínimas (cirugía laparoscópica).

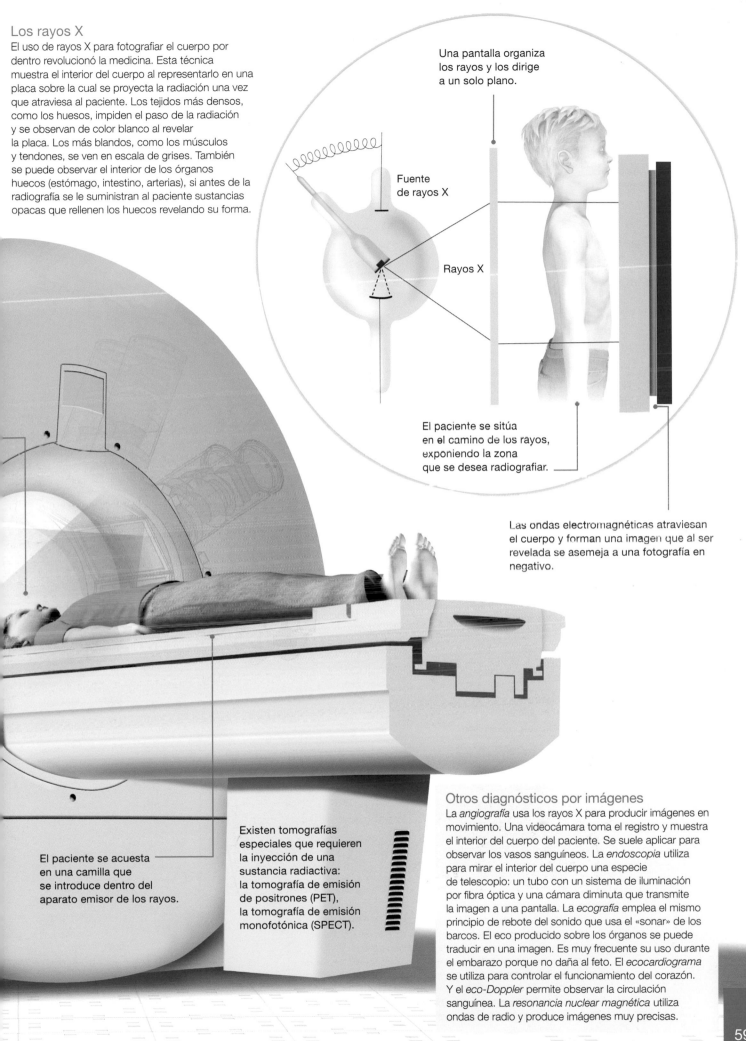

## Los rayos X

El uso de rayos X para fotografiar el cuerpo por dentro revolucionó la medicina. Esta técnica muestra el interior del cuerpo al representarlo en una placa sobre la cual se proyecta la radiación una vez que atraviesa al paciente. Los tejidos más densos, como los huesos, impiden el paso de la radiación y se observan de color blanco al revelar la placa. Los más blandos, como los músculos y tendones, se ven en escala de grises. También se puede observar el interior de los órganos huecos (estómago, intestino, arterias), si antes de la radiografía se le suministran al paciente sustancias opacas que rellenen los huecos revelando su forma.

Una pantalla organiza los rayos y los dirige a un solo plano.

Fuente de rayos X

Rayos X

El paciente se sitúa en el camino de los rayos, exponiendo la zona que se desea radiografiar.

Las ondas electromagnéticas atraviesan el cuerpo y forman una imagen que al ser revelada se asemeja a una fotografía en negativo.

El paciente se acuesta en una camilla que se introduce dentro del aparato emisor de los rayos.

Existen tomografías especiales que requieren la inyección de una sustancia radiactiva: la tomografía de emisión de positrones (PET), la tomografía de emisión monofotónica (SPECT).

## Otros diagnósticos por imágenes

La *angiografía* usa los rayos X para producir imágenes en movimiento. Una videocámara toma el registro y muestra el interior del cuerpo del paciente. Se suele aplicar para observar los vasos sanguíneos. La *endoscopia* utiliza para mirar el interior del cuerpo una especie de telescopio: un tubo con un sistema de iluminación por fibra óptica y una cámara diminuta que transmite la imagen a una pantalla. La *ecografía* emplea el mismo principio de rebote del sonido que usa el «sonar» de los barcos. El eco producido sobre los órganos se puede traducir en una imagen. Es muy frecuente su uso durante el embarazo porque no daña al feto. El *ecocardiograma* se utiliza para controlar el funcionamiento del corazón. Y el *eco-Doppler* permite observar la circulación sanguínea. La *resonancia nuclear magnética* utiliza ondas de radio y produce imágenes muy precisas.

# ¿Hasta **qué** edad crecemos?

El período de la vida en el que cambiamos y crecemos de forma más espectacular y veloz es antes del nacimiento, dentro del vientre materno. Después, nuestro crecimiento es desigual y variable. Hay etapas de alargamiento (aumenta nuestra estatura) y etapas de redondeo (nos ensanchamos). Hay ciertas partes del cuerpo que alcanzan su tamaño adulto antes que otras. También hay diferencias en los tiempos de desarrollo entre los varones y las mujeres. Incluso existen variaciones individuales. Pero, hacia los 20 años, todos dejamos de crecer.

El rostro de los varones se define después que el de las mujeres; sobre todo su mandíbula inferior, que se desarrolla y ensancha hasta después de los 20 años.

## La edad y los sonidos

El bebé escucha sus primeros sonidos antes de nacer. Pero el oído solo madura de forma completa varios meses después del parto. El recién nacido oye solo los sonidos más intensos. Eso le ayuda a dormir en medio de las conversaciones y ruidos habituales de la casa. Hasta los siete u ocho años de vida todavía se captan mejor los sonidos más agudos. Ya a los 15 años hay una completa percepción de los sonidos graves. En plena juventud comienza a declinar la percepción de los sonidos agudos, mientras que la de los sonidos graves suele mantenerse estable a lo largo de toda la vida.

El sistema respiratorio no termina de formarse totalmente hasta los ocho años.

Los huesos de la caja torácica y los hombros suelen ser los últimos en terminar de crecer, sobre todo en los varones.

Las piernas son las estructuras que primero alcanzan su longitud definitiva.

## La pubertad

Es un período de grandes cambios anímicos y biológicos (formas, tamaños, funciones y sensaciones). Se produce el desarrollo y maduración de los órganos sexuales, crecimiento de vello, aumento de glándulas sudoríparas. La grasa se distribuye en distintas zonas en el varón y en la mujer. Las caderas femeninas se redondean, y se desarrollan las glándulas mamarias. En el varón aumenta la musculatura y la voz se hace más grave.

## Por qué envejecemos

Hay muchas teorías que tratan de explicar el envejecimiento. Se afirma, por ejemplo, que:
• la vejez está programada genéticamente;
• a lo largo de la vida se producen sustancias oxidantes que deterioran las células;
• los extremos de los cromosomas se van acortando con cada división celular y la célula va perdiendo su capacidad de renovarse;
• el sistema inmunitario se debilita y falla, atacando moléculas del propio organismo.
Lo más probable es que todos estos factores intervengan en el proceso, junto con otros que aún no se han descubierto.

Entre los tres y los cinco años el crecimiento se produce a un ritmo de unos 6 a 8 cm (2 a 3 in) por año.

## Proceso de osificación

La ilustración muestra la evolución del codo entre los tres y los 20 años de edad. Al comienzo de la vida los extremos de los huesos (epífisis) están formados por cartílago. A medida que la persona crece, el cartílago se va transformando en hueso (se osifica). Cuando todo el tejido cartilaginoso está osificado, el crecimiento se detiene. Esto sucede entre los 18 y los 25 años de edad. A partir de ese momento, los huesos se hacen más rígidos, menos flexibles, y con el transcurso de los años se van haciendo más porosos y frágiles.

A partir de los 30 o 40 años puede iniciarse un proceso de desajuste en la visión de los objetos cercanos, que se denomina presbicia, y se debe al endurecimiento del cristalino y la falta de fuerza de los pequeños músculos que enfocan las imágenes.

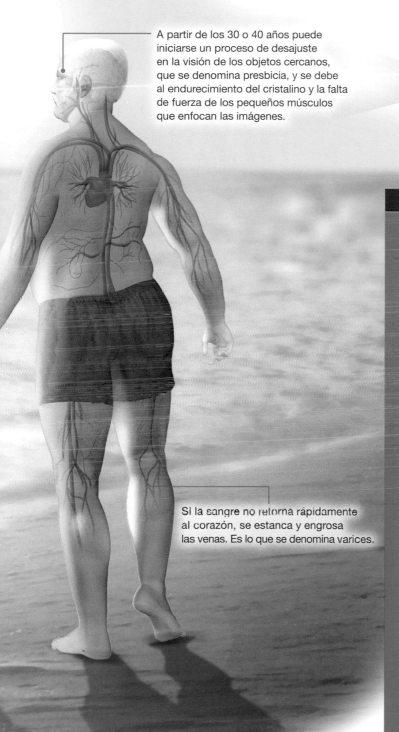

Si la sangre no retorna rápidamente al corazón, se estanca y engrosa las venas. Es lo que se denomina varices.

## Arterias

Con el paso de los años las arterias van perdiendo su elasticidad. Sobre todo si se las somete a los efectos del tabaco, la hipertensión no controlada, o a una alimentación con exceso de grasas. Al endurecimiento de las paredes pueden sumarse, entonces, depósitos grasos o pequeños coágulos que obstaculizan la circulación.

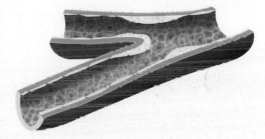

## Piel

Las células de las capas externas se renuevan con menos frecuencia, por lo que la epidermis se hace más fina y seca; las capas intermedias pierden elasticidad; las capas profundas tienen menos tejidos de sostén. En consecuencia, aparecen las arrugas. Este proceso se retrasa si la piel recibe a tiempo cuidados adecuados: protección frente a la acción solar, limpieza, hidratación y una dieta sana.

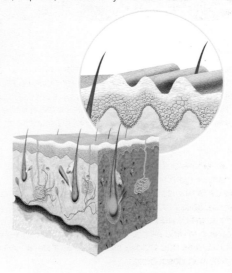

El crecimiento depende en gran medida del desarrollo de los huesos, y se detiene cuando estos alcanzan su tamaño definitivo. Nuestra estatura permanece estable a partir de los 20 años aproximadamente. En la vejez avanzada puede disminuir unos centímetros por la curvatura de la columna o debido a un pequeño aplastamiento de las vértebras.

El Abecé Visual de
LA TIERRA

El Abecé Visual de
ANIMALES SALVAJES

El Abecé Visual de
INVENTOS QUE CAMBIARON EL MUNDO 1

El Abecé Visual de
MEDIOS DE TRANSPORTE

El Abecé Visual de
EL UNIVERSO

El Abecé Visual de
EL UNIVERSO

El Abecé Visual de
LOS INVENTOS QUE CAMBIARON EL MUNDO 1

El Abecé Visual de
LA HISTORIA

El Abecé Visual de
PLANTAS Y FLORES

El Abecé Visual de
INSECTOS

El Abecé Visual de
PAÍSES, RELIGIONES Y CULTURAS DEL MUNDO

El Abecé Visual de
MITOS Y LEYENDAS UNIVERSALES

El Abecé Visual de
BOSQUES, SELVAS, MONTAÑAS Y DESIERTOS